アンタッチャブル
父と息子の事業継承物語

植木 重夫、植木 繁之

まえがき

本を作ることにしました。

それもちょっと変わった本です。

主人公であり著者は私、植木繁之と私の父である植木重夫。幼い頃の話、一緒に仕事をやるようになってからのこと、今考えていること……本は2人の原稿をそれぞれ交互に並べていきます。

「それのどこが面白いのか？」と思われる方も多いことでしょう。父子がそれぞれの視点で書いた文章を続けて読んで、一体何が面白いのか意味がわからないと感じる方もたくさんいることと思います。

でも、それが面白いのです。

それは私が自分の家族のことを書いたから面白いというわけではなく、これは客観的に見てもちょっと異質な、だけどリアルな〝家族にまつわるドキュメンタリー〟になっているような気がするからです。どこにでもありそうな家族の、どこにでもありそうな問題が詰まった〝父子のヒューマンストーリー〟が描けているように感じるからです。

そもそもの発端は、私が「事業継承」というテーマに向き合ったことがきっかけでした。

今日本では事業継承が大きな社会問題となっています。少子高齢化が進み、団塊の世代が仕事をリタイアしていく中、彼らの仕事を継ぐ者が誰もいないことで廃業になるケースが後を絶ちません。

ある会社社長は子どもが事業を継承してくれず、最終的には会社を畳むことにしました。ある職人は新たな弟子が現れず、結局彼の持つ技術は断絶することになりました。

消える会社、消える店舗、消える工場、消える技術……特に中小企業の分野では事業継承がうまくいかないことで、これまで先人が築き上げてきた富や知恵、資産やネットワークが流砂のように失われようとしています。2017年度の経済産業省・中小企業庁の試算では、こうした中小企業・小規模事業者の継承問題を放置すると、2025年頃までの10年間で累計約650万人の雇用と約22兆円の国内総生産（GDP）を失う可能性があると指摘されています。

さて、私自身は父が興した会社を引き継いだ人間です。

長らく地元広島を離れて働いていましたが10年前、30歳のときに故郷に戻り、父の創業した総合住宅建設会社「ホームサービス植木」に入社。現在は10人近くのスタッフを束ねる2代目社長を務めています。

そんな事業継承の当事者である私の目から見ても、私が住むエリア（広島市の郊外にある安佐南区というところです）での事業継承はスムーズに進んでいるとは言い難い状況でした。知り合いの経営者と話したところ、だいたい70％以上の会社がなんらかの問題を抱えているという状態です。

そうした中、さらに突っ込んだ話をしていくうちに、私はひとつの事実にぶつかりました。

それは事業継承の問題の根っこには、ほぼ間違いなく家族のコミュニケーションの問題が横たわっているということです。事業継承がうまくいってない経営者やその息子さんと話をすると、たいがい「最近息子と会ってない」とか「親父とはほとんど口をきいてない」ということをよく聞きます。つまり彼らは事業継承をどうこうする以前に、その基盤となる家族間のコミュニケーションが不足していたのです。相手が何を考え、何を意図しているかわからないのに事業を引き渡す／受け継ぐというのはなかなか至難の業ですし、そもそも事業を継承しようなんていう気持ちも起こらないことでしょう。

そうか、事業継承がスムーズに進んでない会社がこんなに多くあるということは、家族のコミュニケーションに苦労している家庭がそれだけ多くあるということか……そう考えたとき、私は自分自身の家族について振り返ってみました。

たしかに私は故郷に戻り、父の事業を継ぐことにしましたが、かといって我が家が家族全員仲良しで、コミュニケーションが円滑かといえば、まったくそんなことはありません。それどころか、私は幼少期からほとんど父と遊んだことがなく、広島に戻って一緒に働くようになっても、正面切って話したことなど数えるほどしかありません。事業継承に関しても、父から正式に「会社を継いでくれ」と言われた覚えもないし、私が「会社を継がせてほしい」と言った覚えもありません。なんだかうやむやなまま故郷に戻ってきて、なんだかうやむやなまま会社を継ぐことになった……そんな状態でしかなかったのです。

私は改めて考えてみました。

――父はどんな想いで私に事業を引き渡したのだろう？

――父はどんな想いで会社を創業したのだろう？

――父は私の今のやり方をどんなふうに評価しているのだろう？

――父は仕事というものをどのように捉えているのだろう？

――父は経営者としてどんな地獄を見てきたのだろう？


父子というのは不思議なものです。

人生の先輩後輩であり、時にあこがれの存在であり、時にライバルという関係でありながら、照れくささからか意地を張っているからか、あまり気安く慣れ合うということがありません。特にそれぞれが社会人として独立して以降は、父は父の生き方、息子は息子の生き方というふうに、お互い土足で立ち入らないよう〝アンタッチャブル（不可侵）〟な結界を張っているケースも多々あります。

私は、そのアンタッチャブルな空間にあえて踏み込んでみたいと思いました。

さきほどの父に対する疑問に私は何ひとつ答えることができませんでしたが、この機にその答えのすべてを知りたいと思いました。

それは私自身がずっと避けてきた父とのコミュニケーションに、ここで改めて向き合うということです。そんな個人的な取り組みが、結果的に事業継承に関する父子のひとつのサンプルとなって、事業継承にまつわる世間の問題をひとつでも解決する手助けになれば……私はそんなふうに思ったのです。

●

ということで、父と私の共著となる本書は、かなり特殊な構成になっています。

まず第1章では私たちがどのような過程を経て事業継承に至ったか、自己紹介も兼ねながらその背景を説明しています。

これは以後の章でも適用していますが、基本的に本書は私の書いた文章と父の書いた文章を交互に並べており、それぞれの時期にそれぞれがどう考えていたか、各自の視点で語られる構成になっています。その中には父と私の見方がズレていることもあるし、時には事実の認識すら異なっていることもありますが、あえてそのまま残しました。同じ家族なのに同じものを見て違うことを感じている——私はそれこそが〝家族らしい〟と思いますし、むしろそのズレを面白面白く感じてもらえれば幸いです。

第2章は実際に事業継承していく中で私たちが何を考え、何に悩んでいたかを綴っています。ここは、事業継承において事業を引き渡す側と受け継ぐ側、それぞれの視点が鮮明に浮かび上がり、実用的な面でもっとも参考になる部分だと思います。

第3章はちょっとした箸休め的コーナーで、私と父が共通の10個の質問に答えています。「仕事」とは？　「家庭」とは？　「地域」とは？　これまでで一番楽しかった思い出は？……シンプルな内容だからこそはっきり分かれる考え方の違い。率直に父と子のジェネレーションギャップを感じてもらえれば嬉しいです。

そして第4章は、それぞれ相手が知らないであろう分野について書きました。私でいえば今10歳である息子に対する想い。父は主に父の父、私にとっての祖父との日々が語られます。ここで私と父という2世代の話は、私の息子と祖父を加えて4世代の話へと拡大します。私はすべて「過去の結果として現在がある」というふうに考えていますが、父と祖父とのエピソードを知ることで、私から息子につながる未来についても考えられればと思っています。

最後の5章は、すべての執筆を終えた後の2人の対談です。基本的に執筆中、私たちは互いの原稿に触れることはなく、4章までの執筆が終わった段階で初めて互いの本心が綴られた原稿を読んでいます。それぞれの本音を知ってどう思ったか？　それぞれの文章で露わになった記憶のズレはどちらが本当なのか？……そうした答えあわせをすると共に、今回の出版プロジェクトを通しての感想を語り合っています。

●

本書は事業継承について悩んでいる方はもちろん、私世代（私は今40歳です）、そして父親世代（父は今69歳）の両方に読んでもらいたい内容になったと自負しています。

これはある方向から見れば事業継承に関する本ですが、大きな視点で見ると家族というものについて言及しています。家族と一緒に暮らしている人、家族と離れて暮らしている人、家族仲がいい人、家族とはもう何年も話をしてない人……家族の形はさまざまですが、親というのは本当に話したいと思ったときにはもうこの世にいなかったりするものです。元気じゃないと話をすることもできないし、親のことを知ることで自分が今どうしてここにいるのか、長いファミリーヒストリーの中で自分がどういう位置づけにあるのか知ることができます。逆に言えば、家族は自分のルーツが何なのか教えてくれる唯一無二の教材でもあるのです。

私自身、今回この本を作るという行為の中で「これは家族を使ったエンターテインメントだな」と感じる瞬間がたびたびありました。普段、顔を合わせて話すと腹が立つこともたくさんありますが、こうして「お互いが文章を書いて、本にする」という設定の中だと素直に本心を伝えられたり、素直に相手の気持ちを受け入れられたりします。

第5章で、原稿を肴に「あれはどうだったの?」「どう思った?」という話をしていますが、それもこうした機会がなければ起こりえなかったことでしょう。実際この本を作ったことで、私の家族に対する見方というのはずいぶん変わりました。そしてここで獲得した家族に対する気持ちの変化は、今後父の事業を引き継いでいく上で大きなチカラになってくれるように思うのです。

だから本書は、みなさんが家族について考えるきっかけになってくれればというのが一番です。「こんな本を読んだよ」と伝えるだけでもいい、「うちもこういうことやってみたい」という形でもいい。この本をきっかけに、あなたと家族の距離が少しでも縮まれば――その結果として事業継承の問題に少しでも光が差し込めば――こんなに嬉しいことはありません。

本のシメである「あとがき」は人生の先輩である父にお任せしようと思います。

まずは私と父、男と男の、どこにでもありそうな反発とすれ違い、そして愛情と認め合いの物語をどうぞお楽しみください。

2020年3月　植木繁之

目次

CONTENTS

第3章
父親の頭の中、息子の頭の中
～父子にぶつける10の共通質問

CONTENTS

第5章

父親と息子の〝答えあわせ〟

～お互いの気持ちがわかった上で対談に臨む

CONTENTS

第１章

父子はアンタッチャブルな関係である

〜幼少期・父の会社に息子が入るまで

仕事一筋で家庭を顧みない父と、
「お父さんみたいにはなりたくない」と思っていた息子。
それなのに息子は故郷に戻り、
会社を継ぐことを決意します。

息子・繁之

10歳の頃は「お父さんみたいになりたくない」と思っていた。

Shigeyuki Ueki

いつか本を書きたいという想いは持ってたんです。

本が好きなんですよ。大学時代は『ノルウェイの森』をきっかけに村上春樹にハマって、彼の本は全部読みました。あとは遠藤周作とか。社会人になってからも自己啓発本として有名な『7つの習慣』(著：スティーブン・R・コヴィー)に衝撃を受けて。それからはビジネス本、小説、時には神社関係の本などを手に取っています。

最近、地元の先輩が「本を書こうと思ってる」ということをおっしゃってて。それを聞いて「自分もやりたいな」と思ったところもあるんです。火が点いちゃったというか。

父？

父は絶対本なんて読みませんよ。本を読んでるところなんて見たことないし、以前こんなことを言ってましたから。

「本を読む時間がもったいないわ。それじゃったら、本を読んだ人からその話を聞いた方が早いじゃろ」って。

父らしい考え方だなと思ったことを憶えています。

ただ、私が本を好きだということを別にしても、本を書くことで自分自身と植木家のことを一度振り返ってみたかったというのは真実です。

今、父の重夫が69歳、私が40歳、そして私の長男が10歳、長女が8歳です。そして私が広島に帰ってきて10年が経ちます。3世代が揃っていて、私は父から事業を引き継ぎ、そして何十年後には今度は息子に事業を引き継ぐ側に回る――最近、そんな自分をとりまく関係性についてよく考えるのです。

はたして父はどんな気持ちで事業を興し、どんな気持ちで取り組んでいたのか？　家族に対してどんな想いを抱え、私に対してどんな気持ちで事業を継承したのか？　そして私もいずれ父のように、息子に今の仕事を手渡すのか？……

私は、父の仕事に対する姿勢や事業継承に対する取り組みをここでしっかり聞き取り、明文化しておけば、いずれ自分が事業を継承する側に回ったときに、「あのとき父はこんなふうに思っていたのか」と参考になると思ったのです。また、今の自分の想いを書き記しておくことで、数十年後に振り返ったとき、「私はこんなふうに感じていたのか」と確かめることができます。そういう私の代での事業継承を1冊にまとめた本があれば、次に息子が今の会社を継承する際にもきっと役立つはずです(彼が跡を継ぐかどうかは現時点ではわかりませんが……)。

だとしたら、今のうちにはじめた方がいいんじゃないか？

もちろん今は私も父もまだ元気です。だけど人の人生というのは、いつ、どんな形でアクシデントに見舞われるかわからないものですからね。

幼少期の頃のことから、素直に書きはじめたいと思います。

自分が今の息子と同じ10歳の頃——私は将来は「お父さんみたいになりたくない」と思っていました。父に対する憧れや尊敬というものは、まったくもたない子どもでした。

私がそのように思うようになった理由の一番は、父が家にほとんどいなかったからです。とにかく父は忙しい人でした。会社はもちろん、他にも地元の青年会や消防団に所属し、さらには近所の田中山神社(広島市安佐南区安東)の宮司も務めています。だから普段はまったく家にいないし、兄弟や祖父に遊んでもらった思い出が多いです。夏休みも1日キャンプに行ければラッキーという状態でした。

そして父はいつも家にいないくせに、時たま家に帰ってくると急に怒り出すこともありました。私たちは男ばかりの3人兄弟ですが、3人でワイ

Shigeyuki Ueki

ワイやっていると突然怒られて、なぜか長男の私だけが家の外に放り投げられるのです。そのときは1〜2時間近く外に出された末、母がこっそり家に入れてくれたのですが、父が気軽に話しかけられるような穏やかな性格ではないということは子どもながらに察していました。

父はそんなふうに普段は家におらず、一緒にいるときの方が特殊という存在でした。当時はそれを淋しいと感じたことはありません。ただ「僕のお父さんはそういう人なんだな」と冷めた気持ちで思っていただけでした。

ただし、その一方で父は特別なキャラクターの持ち主でもありました。一緒にいる時間は短いくせに、そのひとときはいつも濃厚で、忘れられないものばかりなのです。

たとえば中学校に入りたての頃、私が所属していたサッカー部の試合を観に来ると、試合後に急に「じゃあ、これからバーベキューするか！」と言い出し、部員のみんなを引き連れてバーベキューをはじめました。

夏の唯一の思い出として、川に遊びに連れて行ってもらったことがあるのですが、そのときも私たち兄弟が川で泳いで遊んでいたら、いきなりドボンとすごい音がして大きな波が立ちました。何かが川に投げ込まれたのです。何だろうと思って見てみると、父は山に入ってそこに生えていた木を勝手に切り、それを丸太にして投げ込んできたのです。「それを浮き輪がわりにして遊べぇや！」。私たち3人はその丸太にしがみついたり上に乗ったりして遊んだのですが、そのときの「丸太!?」という驚き、予想もしてない遊びに気がつけば夢中になっていた感覚、そして夏のキラキラした光景は今も心にはりついて離れません。

あと、小学校の頃、会社の社員旅行に連れていってもらったときのことも忘れることができません。そのときは会社の社員さんやその家族、取引先の人など百人くらいを連れて宮島の裏にある包ヶ浦自然公園キャンプ場に行ったのですが、父は建設業や水道工事を請け負っていたこともあって、そこにあった公園の水道を利用して、あっという間に水洗トイレやシャワールームを作ってしまったのです。

なんだか知らないけど、いつも大勢の人に囲まれ、やることなすこと豪快で、こちらの想像をはるかに超えている……一緒にいる時間が短いせいもあるのでしょうが、特に幼少時代、私にとって父の印象は〝フッー〟なものでは決してなく、良くも悪くも常にドキドキさせられる存在だったのです。

父・重夫

なんで帰ってきて会社を継いだんかはわからんのよ

繁之が本を出すいうことに関して？

「どうする？」って聞かれたけえ「ええんじゃないん」って言うたんよ。まあ、ビジネス的に誰かに焚きつけられたんかもしれんけど、やりたいんじゃったらやりゃええかね、って思うて。

ただ、商工会でも承継問題いうのは非常に難しいことになっとってね。植木家がそのひとつの例になるんならええかもね、とは思うたよね。

今は承継どころか廃業するケースが多いわけよ。それらしきことを親子で話しとらんかったり、職人さんの場合は若い人はなかなかなりたいと思うてくれんし。建設業いうのは、もう今のご時世にフィットせん職業なんかもしれんよね。

うちの場合にしろ、なんで帰ってきて会社を継いだんかはわからんのよ。

Shigeo Ueki

前の会社におりづらくなったんか、何かを志して帰ってきたんか。そもそもなんでそこの会社に就職したのかもわからんのんじゃけえ。

だってわしはこれまで、自分が会社を回していくのに精いっぱいで、子どものことなんかなにひとつ頭になかったけえね。突然繁之が「結婚する」って言い出したときも、びっくりして。「まだ子どもなのに結婚なんてことがあるんか⁉」って思うたけど、よう考えたらその頃はもう20代後半のええ齢になっとって。それくらいわしの中では時間が止まっとったし、子どものことは妻に任せきりじゃったんよ。

とにかく毎日が仕事、仕事、仕事じゃったから。昔は打ち合わせとかも全部流川（広島市の中心部にある繁華街）でね。流川で「よし、明日ゴルフ行こう！」「行こう！」って盛り上がったら、とりあえず妻に電話してゴルフバッグ用意しといてもらって——もちろんその頃は携帯電話なんかないけえ店の電話よ——その晩は帰らず、朝の5時に一度帰って、みんなが寝とる間に玄関に出とるゴルフバッグ取って、そのままゴルフに行くいうこ

した。まあ、高校卒業してそのまま社会に出たわけよ。

その頃は高卒と大卒の生涯賃金を比べたら、大卒の方が６００万円多いって言われとってね。わしは負けず嫌いじゃやけえ、「じゃあ、こっからの４年間で６００万円貯めんと大卒のやつらに負けるわ」って思うて、そっからガムシャラに働いたね。まずやったのは、親父に借金してトラックを手に入れて、それを元手に広島中央市場からモノを運ぶトラック運転手の仕事。その頃は朝の４時から午後の２時まで働いて、その後に家に帰って家の仕事の手伝いをしよったよ。

そもそもうちの家は親父がはじめた「植木商店」っていう会社でプロパンガスの販売をやっとってね。そこはわしの兄が継ぐ思うとったけぇ、わしはそんな熱心じゃなかったけど、わしが21歳になるちょっと前、その植木商店が広島ガス北部販売に吸収合併されることになったんよ。そのタイミングで兄は独立して、わしと親父は広島ガス北部販売に入社したんよ。

じゃけど、そこがとにかく合わんでね。人の下で毎日毎日決められたことをやったりするのが、どうしてもわしの性に合わんかったんよ。

それで兄がやっとった植木設備工業に入れてもらうことにしてね。兄がやっとったのは住宅設備事業。まあ、見ることなすことすべて初めてじゃったけど、とにかく職人さんに教わり、現場を見て、図面を見て、工具や機械について研究しとったら、だんだん仕事もできるようになってきて。その頃は毎朝5時に起きて、全部の現場を下見して回っとったけえね。

で、兄の会社に都合14年おって、昭和59（1984）年に独立して作ったのが「ホームサービス植木」。ここは増改築をメインにした建設業の会社。

そのとき、わしは34歳か。もう結婚して3人の子どももおったんよね。

そうか、このとき繁之は5歳じゃったんかぁ……。

息子・繁之

会社以外に消防団、商工会、神社の宮司……父は常に忙しかった

中学に入っても父がどんな仕事をしてるのか、私は知らないままでした。

もともと父は父の兄――つまり私の伯父さん――と一緒に会社をやっていて、そこから「俺は自分でやる」という感じで独立したみたいです。伯父さんの会社は「植木設備工業」で、そこから独立して「ホームサービス植木」を立ち上げました。たしか最初の頃はプロパンガスの供給や規模の小さい工事を請け負っていたと聞いています。ただ、父はバイタリティーがあるのでそこからいろんな仕事を引き受けていって、その当時は私から見て「何屋なんだかよくわからない」というぼんやりとしたイメージの会社になっていました。

父は私が5歳のときに会社を立ち上げたので、私が中学校に上がる頃にはさすがに会社もある程度カタチになっていたはずですが、私は会社に行くこともなかったので、父が普段どんな仕事をしているか、どんな場所で仕事をしているかわからないままでした。それでも会社の場所が転々と変わり、そのたびに人が増えているのは感じていました。最大時で20人くらいいたんじゃないでしょうか？　それは素直にすごいことだと感じていました。

父が何の仕事をやっているのかわからなかったのは、父が会社以外にいろんなことをやっていたことも起因してます。会社の他に消防団、商工会……いつもどこかに顔を出しているので、子どもにしてみたらどれが本当の仕事なのかわかるはずがありません。

その中でも特に忙しかったのが神社の仕事です。植木家は代々神社に仕える仕事をしていたこともあって、父も田中山神社という神社の禰宜《ねぎ》(当時は祖父が宮司)を務めていました。田中山神社はアストラムライン安東駅から5分ほどのところにあり、鎌倉時代から700年近く続く由緒ある神社です。父はその神社で、日曜や祝日は神社に出て祈祷の仕事をやっていました。そうです、あの白い紙の付いた「大幣《おおぬさ》」と呼ばれるお祓い棒を振って、祝詞《のりと》を述べる神主さんの仕事です。具体的には近所の方々の家内安全祈願や七五三、厄払い、あと当時このあたりは開発が進んで建設ラッシュだったので、そのための地鎮祭に駆けずり回っていました。

昼間は会社の仕事をした上に、休みは神社の仕事です。そして休みの前日は「あれがあと何個いる」「あれはどこにいった?」と地鎮祭やお祓いの準備のため、母と一緒に家中をバタバタ走り回っています。それに加えて、近所の人たちが集まる秋の大祭では神輿に獅子舞、餅まきに神楽奉納と目の回るような慌ただしさ……。

正直、私は自分の親の仕事について、この神社の運営が本業だろうとかなり大きくなるまで思っていました。

ただ、ホームサービス植木という会社を経営しているらしい。ホームサービスというくらいだから、家に関係する建築関係の会社なのだろう。でも家に関係するといってもプロパンガスの設営なのか、それとも何か工事して作っているのか、詳しいことはわかりません。

私は父に「どんな仕事をしているの？」と尋ねたことは一度もありません。それは忙しく動き回る父とゆっくり話す時間がなかったということもありますし、中高時代、私が家のことにまったく興味がなかったせいもあります。

そんな家庭で育った私には、いわゆる反抗期というものがありませんでした。

家庭内で反抗しようにも、反抗する相手である父は家にいません。では学校で反抗するかといえば、私の学区は荒れていたため、「そこと一緒になりたくない」と思った私は学区外の学校を受験するも不合格となり、学区内の中学校に進みました。

さきほども書きましたが、我が家は男だけの3人兄弟で、私が一番上というポジションです。次男の健次郎は3つ下で、末っ子の善治は4つ下。次男と三男は年子で、私は2人より少し年上ですが、かといって私が兄弟の中で絶対的権力をもって君臨していたかというと、まったくそうではありませんでした。

私は健次郎からも善治からも「シゲ」と言われていました。「お兄ちゃん」ではなく「シゲ」。一方の私も2人を呼ぶときは「ケン」「ヨシ」と言います。そして2人も互いのことを「ケン」「ヨシ」と呼び合います。つまり私たちは歳の差関係なく、とてもフラットな関係性を築いて、仲良くしていたのです。

それが父の影響か、母の育て方のせいなのか、私にはちょっとわかりません。ただ、3人は仲良く遊んでいる中で、それぞれの資質を伸ばすかのように、まったく異なるキャラクターに成長していきました。

健次郎は基本的に自由な性格です。自分のやりたいことを好きなようにやる。私たち3人の中で唯一家業とは関係のない職業に就き、今は東京で歯医者をやっています。私と善治は神社の仕事をやるための資格をとりましたが、健次郎だけ取得していません。どこか斜に構えたところがあり、自分の道をマイペースに進んでいく――それは次男ならではというところもあるでしょう。

一方の善治もまた、健次郎とは違った意味で自由な性格です。ただ、彼の場合はマイペースというよりも、末っ子ならではの天真爛漫さがあるというか。彼は今、父が社長を務めるもうひとつの会社である中和建設工業株式会社で働いていますが、実は家業を継ぐために戻ったのは私より早く、そのあたりも末っ子ならではのチャッカリした部分が影響している気がします。

そして私は……どうなのでしょう？　今でもずっと耳に残っているのは父の「おまえが一番上なんだから」というセリフです。3人でケンカしていたときも、父がどやしつけるのはいつも私であり、外に放り出されるのはいつも私の役割でした。明らかに健次郎や善治が悪いという場合でも父はまず私を叱り、私をみせしめにすることで健次郎と善治に「どうしてお兄ちゃんが……」という申し訳なさを植え付け、反省させるというやり方をとっていました。

そういう理由は今になっても理解できませんが、子ども時代の私も到底納得できるはずがありません。私の心には「お兄ちゃんだから、ちゃんとしなきゃいけない」という気持ちがトラウマのように刻まれることになりました。お兄ちゃんだから、悪いことをしてはいけない。お兄ちゃんだから、兄弟の責任をとらなければいけない。お兄ちゃんだから、誰よりもしっかりとしていないといけない……。私は自由奔放に過ごす2人の弟たちの姿を見ながら、「じゃあ、自分はどうするべきか？」という逆算で自分の立ち位置を作っていったフシもあります。

そんな私が中高時代に好きだったのは、絵を描くことでした。父不在の家庭の中、弟たちと過ごす中で、私は絵の世界に自分の居場所を求めるようになったのです。そして高校時代、私はぼんやりとですが芸術系の進路に進んでいけたらな——という想いをひそかに抱くようになります。

父・重夫

3人の兄弟がケンカしてたら、長男の繁之だけを怒った

子どもらが会社に来るいうのは、ほとんどなかったと思うよ。

だって子どもが来ても、わし会社におらんし。会社の旅行やキャンプに連れていっとったけえ、どんな仕事しとるかは知っとったと思うけど、具体的なことはわかっとらんかもしれんね。

そうそう、うちには男３人兄弟がおって。３人とも性格は全然違うんよ。

繁之はねえ……わし、３人の誰かが悪いことしたら、３人並べて繁之しか怒らなんだんよ。そしたらどういう現象が起こるか知っとるかね。他の２人が「なんでわしが悪いのに、お兄ちゃんが叱られるんじゃろ?」って思うようになるんよ。兄弟で何か言いたいことがあったら、それも代表して繁之に言わせる。そういうふうにしとったけえ、繁之が頂点に立てるようになったんよ。基本的に３人の中では、あれが司令塔ですよ。

Shigeo Ueki

知能指数が一番高いのは三男じゃろうと思う。一番努力するタイプは次男。長男は……あれは人がええね。優しいいうたら3人とも優しいけど、長男は人がええ。そこは経営者としてどうなんかぁと思うところもあるよね。

わし、健次郎が医者になるいうんも知らんかったんよ。だって最初は歯学部なんか行きよらせんで、普通の大学行きよったんじゃけえ。それがどうも大学の途中で矯正歯科かなんか行って歯を直したらしゅうて、それに感動したんかしらんけど、途中で行きよった大学辞めて、いつのまにか専門学校に行って――もちろん、その間なにひとつ報告なんかないよ。わしはなんも知らん状態よ。

それで急に「通った!」って連絡がきて。「通ったって……そんな資格なんか取れるわけなかろう」って思ってよう聞いたら「大学、通った」って言うてきて。「おまえ、そりゃどういうことや、帰ってこい!」って怒ったら帰ってきて、実はこうこうこういうことで、もう前の大学は辞めてしまって医者になるって言うじゃない。「そういうことは先に言わにゃあダメじゃないか！」とは言ったけど、健次郎も繁之には事前に相談しとったみたいで。どうやら兄弟の間では「親父に言ったら大変なことになるけえ、秘密にしとこう」ってことになっとったらしいんよ。

善治は健次郎と違って、あんまり努力をせんタイプよね。本気でやれば一番ようできる素質がある思うけど、なかなかエンジンがかからんね。

善治には今年、中和建設を継がせようと思うとるが、最初にわしの仕事手伝いたい言ってきたんも善治じゃったんよ。それは繁之がこっちに帰って来るずっと前のこと。まあ、正確に言えば〝言ってきた〟んは善治じゃなくて、繁之なんじゃけどね。

あるとき繁之から電話があって「善治がお父さんの仕事手伝いたいって言いよるんじゃけど、どうする？」って言ってきたんよ。そのとき繁之は横浜で働きよって善治は広島におって、兄弟で離れとる状況じゃったけど、直接わしに言ったら怒られる思うたけえ、善治はまずお兄ちゃんに相談したんじゃろう。

わしそれを聞いて、「何を言いよるんか、甘えるのもええ加減にせえ！」って怒った記憶があるよ。そのとき善治は何をやっとったんか……大学辞めとった頃か、アルバイトやりよった頃かよう知らんけど、それでも最終的にはウチで働くことになるんじゃけどね。

ほら、そこでも善治はお兄ちゃんの繁之に相談して、繁之から言わしとるでしょ？　健次郎のときも相談相手になっとるし。わしが「繁之が司令塔」言うのはそういうことなんよ。

兄弟は仲がええね。なんでなんじゃろ？

わしは家におらんかったけえわからんけど、子どもの頃からこんなに仲よかったんかな？

反抗期の頃？　親に反抗？……そんなのないない。だってわしに逆らって勝てることなんて万が一にもないんじゃけえ。戦いを挑んでくることもなかった。それは3人ともそう。もしそういうこと言うたら、肩からどっしゃげられる（注：「どしゃげる」は広島弁で「ぶつける」の意）思うたんじゃないん？

子どもを怒ったこと？　めちゃくちゃあるよ。

あるときは、たまたま早う帰ったら子どもらが母親に迷惑かけとったから、「おまえら、みんな廊下に座っとれ！」言うて、わしはそのまま酒飲みよったんよ。そしたら気づいたら子どもらがおらんじゃないね。母親に

Shigeo Ueki

「あれ、そういやぁ子どもらはどこに行ったんや？」って聞いたら、「あんた、どこ行ったじゃないよ！　自分で外に座らせといて！」って怒られて。それで「まあ、入ってこいや」って言ったんじゃけど、みんなその場から立ち上がれんで。もう足がしびれてしもうとるんよ。

そういうことはいっぱいあったし、子どもらにとっては印象深い思い出になっとるんかもしれんね。特にそういうときも、長男の繁之は一番こっぴどく怒られるわけじゃやけえ。「お兄ちゃんなのに何しとるんや！」「おまえが悪いけえ！」って言われて矢面に立たされて。そういう意味では、きっと怖い父親じゃったと思うよ。

それでもねぇ……不思議とうちは仲がええんよ。兄弟だけじゃなく家族もみんな。

うちには家族のＬＩＮＥグループがあって。たとえば次男夫婦が沖縄行ったとかハワイ行ったとかしたら、それを写真で上げてくるし、三男が長男の子どもを旅行に連れて行ってラーメン食べとる写真を上げたら、「うちはこれよ」って次男のところから寿司の写真が送られてきたり。長男・三男は広島じゃけど、いま次男夫婦は東京で暮らしとって、離れとるのになんかあるたびにみんな写真を送り合いよるけえ、いま誰がどこで何をしとるんか、電話せんでもすぐわかるんよ。

わしもたまにＬＩＮＥに書き込んだりするよ。「ええかげんにせえ！」とか。そういやあ誰がこのグループを作ったんじゃろう……？　普通は家族でこういうの、したりせんのんか？　ああ、これは次男の奥さんがランチに行ったときの写真じゃや……。

ごめんごめん、ほんまはホームサービス植木をはじめてからの話をしようと思っとったのに、すっかり話がそれてしもうたね。

わしが会社作ってからの話は、また次じゃや。

息子・繁之

大学進学時、父からは家業について何の言葉もなかった

Shigeyuki Ueki

大学受験を前に、私は進路を考えるようになりました。

私は絵を描くことも好きでしたが、その一方で「絵では食べていけない」ということも冷静に考えていました。自分の絵の実力がそれほどでもないことも、どこかで理解していたのだと思います。

絵ではダメかもしれないけど、それに近いもので自分の将来に役立つものはあるだろうか？――そう考えたとき、ふと頭に浮かんだのが建築でした。建築には芸術の要素もあるし、仕事にするにしてもいろいろツブシがききそうです。これだったら将来食べていくことを考えても現実味があるんじゃないだろうか？

進路のことを考えたとき、正直家業のことをまったく考えなかったと言えばウソになります。確かにホームサービス植木が具体的にどんな事業をやっているかは知りませんでしたが、建築の道に進めばもしかして「家業を継ぐ」という選択肢もあるのではないか。積極的に「継ぎたい」という気持ちはまったくないけれど、自分の将来の選択肢のひとつとして考えるのなら、それはそれでアリではないか……私の頭の中ではそんないやらしい計算が働いていました。

もちろんその際も進路について父と話したことは一度もありません。父からは「家の仕事を継げ」という命令もありませんし、「継いでほしいんだ」という依頼も一切ありません。神社の仕事に関しては「正月は手伝いに帰ってこいよ」と言われ、袴を着てお守りを売ったり破魔矢を売ったりする手伝いをしましたが、家業に関しては本当に何の言葉もなかったのです。

高校を卒業する頃になっても、私は相変わらず父の仕事場のホームサービス植木の事務所に入ったこともなく、父がどんな仕事をしているかも話したことがありませんでした。たとえ父と話そうと思っても、父は常に家を留守にしているため話す時間がないというのが正直なところでした。

「継げ」とも言われず、「継ぐな」とも言われず、「好きにしろ」という言葉もなく、私は唯一母に相談しながら、自分の進路を建築に定めたのです。口にはしないながらも、「もし何かあった場合の帰れる場所」としての最終避難場所＝ホームサービス植木という選択肢を頭の隅に置きながら……。

最終的に父に大学進学の報告は……したのか？　していないのか？　記憶にないということは、それくらいあっさりしていたのだと思います。つまりそれくらい薄い決断の中で私は広島の家を出て、初めての一人暮らしをはじめることになりました。

私が入学したのは大阪にある摂南大学工学部建築学科というところでした。最初は「将来仕事に就く際に有利かも」という下心で学ぶことにした建築学でしたが、大学3年生のとき、日本で建築を学ぶ学生たち20人ほどが参加して、有名教授がヨーロッパの建築を解説しながら欧州を旅するゼミにエントリーできたことをきっかけに、一気に建築熱に火が点きます。

そのゼミには建築に情熱を燃やす学生が集まっていて、旅の間も「へぇ、ヨーロッパの建築家はそんなことを考えて建物を作っているのか！」「時代によって建物に対する考え方はこんなにも変わるのか！」と目からウロコの落ちる発見の連続で、ホテルに帰っても夜を徹して互いの建築論を戦わせるような、そんな熱い現場だったのです。

それまでは〝なんとなく〟建築の道を進んでいた私はそこで本格的に建築に目覚め、もっと建築を学びたい、建築について極めたいと思うようになります。ヨーロッパ建築視察の旅はイタリア、フランス、スペイン……と2週間近く続き、その過程で私はすっかり建築の世界に魅了され、「将来はこの道で生きていきたい」という信念を固めるまでに至ります。

そこから私は大学院に進んでもっと建築を勉強することに決めます。今大学を卒業して建設会社に就職したとしても、技能面など足りない点が多いため営業職しかできない——そう考えたのが大学院進学を決めた理由でした。

Shigeyuki Ueki

そして私は京都工芸大学大学院工芸科学研究科に進学し、その2年間は設計の勉強に没入します。私のまわりは建築をやってきたエリートばかりで、自分が出遅れていることは一目瞭然でした。だから私はクラスメイトに追いつこうと必死で課題に取り組み、同僚たちのスキルや考え方を真似しようとしました。建築を学ぶことに夢中で、それはそれで充実した、学ぶことが楽しくて面白くて仕方ない日々を私は関西で送ることになったのです。

息子・繁之

父の最大のコンプレックスは高卒という学歴

Shigeyuki Ueki

大学、そして大学院へと続く6年間、私は盆と正月にはちゃんと広島に帰ってくる生活を送っていました。

正月には神社の仕事を手伝い、夏は家族で旅行に行くこともありました。

ただ、父とは相変わらずゆっくり話をできる余裕などなく、私は大学院進学のことも話さず、父もそのことをとりたてて気にしている様子はありませんでした。

十代後半から二十代前半までの6年間、私と父との関係性は表面的には何も変わったことがありませんでした。私が実家にいるときから父は家にいなかったので、私が家を離れたところで顔を合わせないことには変わりない——つまりそういうことです。

しかし、コミュニケーション不在という父との関係性は変わりませんでしたが、私の内面はこの6年間で大きく変わりました。故郷を離れて一人暮らしをはじめたことで、単純に自分自身と向き合う時間が増えました。この頃からむさぼるように本を読みはじめ、自分は将来どうするのか、どう生きるのか、そして仕事は何をするのか……といった問題に答えを求めるようになります。

そのとき頭に浮かび上がるのは、いつも父の存在でした。父の生き方、父の働き方、父の家族との接し方……年中家を留守にし、何も話してくれなかった父だからこそ、父の頭の中はナゾで、私はそこに引き寄せられたのかもしれません。

父は一体どういう考えで今の仕事に辿り着いたのだろう？　父は何を成し遂げるために、そんなに忙しい毎日を送っているのだろう？　父は何を大切にし、何を守り、何のために生きているのだろう……？

私は関西と広島という離れた距離感を埋めるように、わずかばかりの父との思い出や言葉をかき集めて、父の生き方を探ろうとしました。

Shigeyuki Ueki

ふと、頭に浮かぶエピソードがありました。

私は高校時代、突然アトピーの症状を発症し、それに悩まされていた時期がありました。常に全身がかゆく、Tシャツを脱ごうとすると肌が分泌する浸出液が固まってバリバリ貼り付いてしまう、かなりの重症です。

それは私の心に大きな影を落としました。思春期という人生で一番多感な時期に皮膚は荒れ、見るも無残な外見になっているのです。私は次第に人と会うことを避け、自分の内面に引きこもるようになりました。「このまま病気が治らなければどうしよう？」「こんな身体でこの先、社会で仕事していけるのだろうか？」……まわりは楽しそうに青春を謳歌しているのに、私は常に孤独で、懊悩《おうのう》と苦しみを抱えていました。そんな自分の現状がイヤで、自分のことなど誰も知らない場所でイチから人生をやり直したい――私が関西の大学を選んで広島を離れたのは、そういう理由もありました。

そんな私の一番苦しい時期に、私を心配して、いろんな病院を紹介してくれたのが父でした。父は仕事関係の人たちから情報をもらい、よさそうな病院があると聞くと、それを私や母に教えてくれました。時間があれば仕事の合間を縫って病院まで連れて行ってくれることもありました。

私はそのとき思いました。「やはり父は父であり、親として子どものことを気にしてくれているのだ」と。父が家業に付いて「継げ」とも「継ぐな」とも言わないのは、もしかして「おまえは今は仕事について考える時期じゃない。まずは治療に専念して、アトピーを治すことが先決だ」――そのような無言のメッセージがあるのではないだろうか……。

しかしそう思う一方で、「まさか、そんなことがあるはずはない」と笑い飛ばす自分もいました。なぜなら父は病院の情報は思い出したように教えてくれますが、かといって私の病気に寄り添うような仕草は一切見せません。病院の情報を提供して、あとは見て見ぬふり。やはり父の毎日は仕事中心に回っており、私の発病によって家に帰る頻度を増したり子どもとの会話が増えたという事実もまったくありません。

私は改めて父の生き方について考えてみました。
はたして父は「仕事が大変だから子どもに気が回らないだけ」なのだろうか？　それとも家族や子どもに対して「好き」とか「嫌い」とか以前に、そもそも興味や関心というものがもてないのだろうか？……

私から見て、父がもっとも大事にしているのは「他人からどう見られるか」という視点です。自分がいかにまわりから尊敬され、一目置かれる存在になるかという見栄の部分。父の最大のコンプレックスは高卒という学歴です。だから大学卒、大学院卒の人に負けたくない。広島市安佐南区の経営者としてひとかどの人物として認められたい。元来の負けず嫌いな性格を武器に、反骨心と上昇志向でここまで会社を大きくしてきたのが父です。休むことをせず、どんな苦しい現状でも奥歯を噛みしめて踏ん張り続けてきたのが私の父の生き方です。

父が私に言い続けた言葉で印象的なものがあります。
「今頑張れ。今頑張っておけば、必ず後でラクになる。だから、とにかく今頑張るんだ!」

しかし父の生き方を見ていると、ラクになる時間などいつまで経っても訪れないのです。頑張って、頑張って、頑張り続けて、そして今もひたすら懸命に頑張り続けている——そんな父の姿を見つめて、私はいつも考えてしまいます。

父は父として、じゃあ私はどのように生きればいいんだろう? どのように仕事に向き合い、どのように家族と接すればいいのだろう?——と。

父・重夫

会社を作って36年、ほんの一瞬みたいに思えるわ

わしがホームサービス植木をはじめたんは34歳のとき。

嫁さんと2人で資本金700万円でのスタートじゃったね。兄の植木設備工業が14年間働いた退職金代わりに車を1台くれて、とにかくそれで動きはじめたよ。

じゃけど最初は全然仕事なかったよね。特に最初の2～3日は電話がいっぺんも鳴らんかった。わし「これ、もしかして電話が壊れとるんか?」思うて、外の赤電話から電話してみたら妻が「ハーイ、ホームサービス植木です」って。どうも電話が壊れとるわけじゃなかったみたい。

新しい会社は増改築をメインに建設業全般を請け負うつもりじゃったけど、なにせそれまでやっとった仕事が住宅設備や水道工事じゃけえね。「あんた、ほんまにそんな仕事できるん?」いうか、信用も実績もまったくのゼロからのスタートじゃったけえ、そりゃ注文も問い合わせも来んのは当

然よね。

最初の仕事は、会社を作って1カ月近く経った頃かな。相変わらず電話は鳴らんしヒマじゃけえ、わしは事務所の近所を散歩しとった。そしたら真向いの団地に住んどる人がおって、話しよったら雨で庭の土がえぐれて困っとるって言うじゃない。わしは即座に「任せてください！」って言うたんはええが、よう考えたらわしのところ、土砂を運ぶトラックももっとらんのんよ。

わしはすぐに中古のトラックを探しにいって、まずそれを5万円で買うたんよ。そしてうちが所有しとる山があったけえ、そこから真砂土をもってきて、お客さんの家に流し込んだ。一日がかりで整地して終了。それでお客さんからもらったお金が8千円。お客さんは「ほんまにそんな安くてええの?」って驚いとったけど、わしは当時は相場もわからんかったし、それよりも初めて仕事がもらえたことが嬉しゅうて。「5万円でトラック買って、これでまず8千円ぶん返した。残りあと4万2千円じゃ！」ってヤル気に満ちあふれとったよね。

そのお客さんは今でもなんかあるたびにウチの会社を使うてくれてね。旦那さんは亡くなったけど、奥さんは元気で「あなたは絶対に裏切らない」って信頼してくれとるんよ。最初のお客さんとそういう深い関係を結べたことが嬉しいけど、その時点でわしの仕事のやり方いうのも決まっとったんかもしれんね。とにかく相手が「こうしたい」って思うことに対してどんなことでもお応えして、それで信頼を勝ち取って定期的な仕事につなげていく。まあ、それしかできんし、それがわしのやり方なんよ。

ただ、大変なこともいっぱいあった。何があったかな……そう、たとえば工事をやってくれる棟梁さんとの関係づくりとか。

会社を作ってすぐの頃、ご祝儀的に近所の方から増改築工事の仕事をいただいて。その工事を大工さんに頼みにいったら「馬鹿にするな！」と怒られたんよ。わしはびっくりしたんじゃけど、その棟梁さんは「自分は家を建てる大工、水道などの工事は自分がやるべき仕事じゃない」って思っとったフシがあって。じゃけど、わしはもうその仕事を受けた手前、何度も足を運んで頼みに頼んで、最終的にはやっとのことで引き受けてもらったんよ。

ただ、それをきっかけにその棟梁との信頼関係を作ることができてね。棟梁とはその後も定期的に一緒に仕事をさせてもらえるようになるんよ。

やっぱり気配り、気遣い、思いやりが大事、そしてやればできる、想いは叶う、誠意をもって尽くせばお客様に届く――そんなことにひとつひとつ気付きながら、必死になって進んでいったら創業2年目には口伝てで仕事が広がり、だいぶ忙しゅうなってきたんよ。

そこからは、もうあっという間。社員も増えて、利益が出たらすべて土地購入に費やして事務所を移転。あと、お客さんの要望を聞いとったら専門の設備会社（広島市水道局指定店）が必要いうことになってM＆Aで買収……気がつけばホームサービス植木に中和建設工業、有限会社ファビスとグループ会社も増え、社員も総勢25名を数えるまでになっとった。

今はホームサービス植木を作ってから36年……わしにしてみれば、ほんの一瞬みたいに思えるわ。ただ目の前のお客さんに満足してもらうこと、なんとかしてそのお客さんの期待に応えることで、次の仕事が舞い込んできて、その仕事をやり切るためには人や設備が必要じゃやけえ拡大して、そうこうしとったらまた別の人から声がかかって——っていう、それを繰り返しとっただけ。それをやっとったらここまで来たとも言えるし、お客さんの声ひとつひとつにできる限り真摯に応えようとしとったけえ、家族のことまで頭が回らんかっとも言えるわな。

その間に子どもたちは大きくなって、大学に行ったり社会人になったりして。

そうじゃやね、繁之が大学で何をやったんか、何を勉強しとったんか、わしは全然知らんね。確か大阪の大学に行ったんよね？　入学のとき、アパートの契約をするために一回だけ付いていったけど、それ以降は一度も行っとらんね。あれがその学校に何のために行ったかも知らんし、そこが何を教えてくれるんかもようわからん。
だって、そのときは自分が会社を回していくんで精いっぱいなんじゃけえ。子どものことなんて頭にないし、正直なところ、関心もないわな。

Shigeo Ueki

息子・繁之

いつか
家業を継ぐかもしれないけど、
それは今じゃない

Shigeyuki Ueki

大学院を卒業して、いよいよ社会に出る——

就職に関しても、私は父に相談することはありませんでした。それはどの大学に進むか、進学先を決めるときとまったく同じ感覚でした。

そして私はヘーベルハウスで有名な大手ハウスメーカー「旭化成ホームズ株式会社」に入社することを決めます。

就職先を決めるにあたって、もちろん私は多くのことを考えました。当然、故郷の広島も頭をよぎりましたが、最終的に導き出した結論は「私はきっといつかは広島に帰るだろう。ただし、それは今じゃない」ということでした。

当時広島について考えるとき、私の頭の中を占めていたのは〝家業を継ぐ〟ということではなく、むしろ神社の方でした。大学院を卒業する頃になっても、私にとってホームサービス植木という会社は相変わらずナゾで、建築に関する仕事をやっているということ以外、具体的に何をやっているかはわらからない状態のままでした。具体的なイメージが描けない仕事に対し、継ぐとか継がないとかそういう判断が下せるはずがありません。おまけに大阪や京都といった都会の洗礼を浴びた私にとって、荒っぽい職人さんが出入りする家業の雰囲気はますます敬遠したいものになっていました。

それより個人的に気になるのは神社の存在でした。泥臭い家業とは反対に、神社の神聖な雰囲気は私には特別なもの、カッコイイものとして映りました。神社の仕事は積極的にやりたいし、自分が継がないといけないだろう。ただし……それもやっぱり今じゃないのです。

その結果、私の考えは「いつか広島に帰って父の会社を継ぐことになるのかもしれないけど、それは40歳くらいになってからでいい」というところに落ち着きます。ちなみに20代前半の若者にとって40歳というのは〝ずっと先〟を意味します。つまり私は故郷や実家に対する想いを保留に

Shigeyuki Ueki

したまま、ひとまず思い切り遠くに投げ飛ばしたのです。

そう決めた私の中で膨らんでいったのは、「どうせいつか広島に帰るのなら、若いうちは都会で働きたい」という想いでした。旭化成ホームズでは横浜勤務を言い渡されました。広島を出て大阪・京都で学んだ私にとって、東京近郊は人生で一度は生活してみたい場所でした。日本の中心の暮らしはどんなものか、日本の先端での企業活動はどんな様子なのか——私を突き動かしたのはそんな若々しい好奇心でした。

建築に関係する数多くの職業の中でハウスメーカーを選んだのも、私の好奇心に由来しています。私は大学院で設計漬けの2年間を送りましたが、その結果痛感したのは設計の世界での自分の才能の限界でした。自分の実力では今後設計を続けたとしても行ける高みはたかが知れている……。

私は大手設計事務所やアトリエに就職を決める同級生たちを尻目に、自問自答しました。じゃあ自分のできることは何だろう？　自分の持っている能力で、建築に関する職業で行きたい場所はどこだろう？……

その中で浮上したのがハウスメーカーだったのです。

日本の住宅市場においてハウスメーカーは7割近くのシェアを占めています。素晴らしい家を設計できる人はたくさんいるのに、数多くの人がハウスメーカーを選んでいるのはどうしてだろう？——私はずっとその理由が気になっていました。そしてハウスメーカーには、設計に営業、工務など家づくりに関するすべての仕事が揃っています。

私はそのすべてを見てみたいと思いました。家に関するすべての業務を知りたいと思いました。誰も知らない街で、すべてが揃った会社で、新しく自分をはじめたい——。

24歳の私は荷物をまとめて横浜に引っ越しました。仕事内容はヘーベルハウスの営業支援の設計職。つまり、広島との距離はさらに開くことになったのです。

Shigeyuki Ueki

ただ、その間も広島との関係は途切れることはありませんでした。

私は引き続き盆と正月は広島に帰り、神社の手伝いをしたり家族で会食をしていました。

この時期、広島から遠く離れていた私を家族につないでいたのは弟たちの存在もありました。

まず三男の善治は広島で大学に通っていましたが、途中で辞めてしまいフラフラした生活をしていました。一時は周防大島にある植木家の別荘に引きこもっている状態で、私はときどき電話して「大丈夫か？　これからどうするんだ？」と状況確認をしたり相談に乗ったりしていました。

そんな三男の口から「父親の会社に行きたい」という言葉が漏れます。

私は「おまえの選択ならそれに文句は言わないけど、できれば一度は別の会社に行って、よそのメシを食った方がいいんじゃないか？　何もできない状態で親のコネで入社したとなると、今の社員さんたちに馬鹿にされるぞ」というアドバイスを送りましたが、善治の意志は固く、グループ会社のひとつである中和建設工業に入社することになります。

そのときの善治の気持ちを父に伝えたのは自分だったか……そのあたりの記憶は曖昧ですが、ただ三男の選択が自分の進路に影響を与えたということはありませんでした。善治は善治、自分は自分。私は弟の選択を黙って見届けただけでした。

一方、同じ時期に次男の健次郎も自身の進路について悩みを抱えていました。彼は私より先に東京に出て、大学の建築学科に通っていました。しかし彼は彼で1年学校に通ってみて、自分が建築の道に向いてないことを悟ったのでしょう。あるとき私のところに電話をかけてきて「大学を辞めようと思う」「それでどうするんだ？」「それはまだわからない……」という会話をした後、しばらくして「浪人して医学部に入り直そうと思う。歯医者になりたい」と言いはじめます。

健次郎はその言葉通り東京で受験勉強をスタートし、結局２浪してしまいます。私は「これでダメだったらあきらめろ」と声をかけたものの、彼は必死の努力を続け、３年目のチャレンジで医学部合格。そして今、東京で歯医者として活躍しています。

その浪人生活の間、私はちょくちょく健次郎に電話をかけて三男同様状況を確認し、また向こうから悩みや相談の電話がかかってくれば話を聞いてやるという生活を送っていました。もちろん大学を辞めて医学部入学のため浪人しているという話は父に一言も話しません。

きっと善治も健次郎も、私にはいろんなことが話しやすかったのでしょう。「シゲ」「ケン」「ヨシ」と呼び合える友達感覚。そして私も長男として弟たちのことを気に掛けることで、遠く離れていても〝植木家〟と強くつながっていたのかもしれません。

息子・繁之

酒の勢いもあり「俺、広島に帰るわ！」と電話で伝える

Shigeyuki Ueki

そして旭化成ホームズに入って５年強――

私の中で思いもよらない心の変化が起こりました。

まず、私は旭化成ホームズでたくさんの貴重な経験をしました。自分のひとりよがりの暴走で、社内のチーム感を壊してしまうこともありました。それによって私のプライドは粉々に砕かれ、他の社員たちの前で号泣するほど精神的に追い込まれたこともありました。そこから先輩に助けられ、新たな気づきを得ることができました。役立たずで頭でっかちだった学生気質は、入社後５年近く経った頃、やっと社会人として一人前と呼べるところまで鍛えられてきました。

そのとき、私はフト思ったのです。突然頭の中で何かがカチリと音を立てて変わったのです。

ハウスメーカーというのは不思議なところで、たくさんの営業マンが家という商品を売っているのに、信じられないくらい多くの物件を売る人もいれば、まったく売れない人もいます。全員売る商品は同じなのです。そしてその商品は素晴らしいのに、売る人次第で売れる戸数も変われば、顧客の方々の喜び方も異なります。それは私にひとつの真実を突き付けました。

結局、重要なのは商品ではない。売る人次第ですべては変わる——。

そう思ったとき、私は「じゃあ私は、私自身を売りたい」と感じたのです。私が生涯を賭けて売らなければいけないのは自分自身だ。私のやるべきことは、自分自身を少しでも多くの人に売り込んで、そんな方々に少しでも多くの喜びを感じてもらうことに違いない——と。

だとしたら、うかうかしている場合ではありません。私は自分が勝負する本当のフィールドで活動しなければならないのではないか？　自分が真に闘わなければならない舞台とは、「いつか帰る」と思っていた広島に他なりません。自分の方向性に目覚めてしまったのなら、今すぐ行動を起こした方がいいのではないか？　はじめるなら若気の至りが通用する20代のうちにスタートした方がいいのではないか？……

大学院卒業時、「まあ、40歳くらいで広島に帰ればいいか」と思っていた私の人生設計は大きく転換しました。おまけにその時期、私は埼玉の工事課に配属となり、自分の目指す方向性と会社での仕事のギャップにますます違和感を感じるようになっていました。

その夏、私たちは家族旅行に行くことになり、私は露天風呂で父に向って切り出しました。

「あのさぁ、俺、そろそろ広島に帰ろうと思うんよ」

「そうか……」

それは私が父に対して、初めて家業に関する話を口にした瞬間でした。

しかし交わした言葉は主にそれくらい。長年ほとんど顔を合わせてこなかった父と息子ゆえ、照れと気恥ずかしさもあって言葉は短く、なかなか踏み込んだ会話にはなりません。

「社会に出てどうや？」

「うーん、まあ、うまくいかんこともあるわね」

それに対し、父は「それでも挫けず、ガムシャラに食らいついていけ」といったアドバイスをくれたように記憶していますが、そのときすでに私の心は固まっていました。

きっと父は「息子は〝いずれ〟帰ってくるつもりでいるんだな」と感じたくらいでしょう。しかし私の気持ちは「〝すぐに〟戻る」という切迫したものでした。

父は私に「そうか、頑張れ」と言って湯舟を出て行きました。私はしばらく風呂場に残って、ほてった気持ちを冷ましました。

そんな私の気持ちをさらに駆り立てたのは、次の帰省のときのことです。

もしも広島に帰るのなら、私はホームサービス植木に入社することになります。これまであやふやなままにしておいた会社の実態をつかむため、私は会社が手掛ける近所の分譲住宅の工事現場にこっそり足を運び、その様子を観察してみることにしました。

そこで見た光景は私にとって衝撃的なものでした。施工の現場は取っ散らかっており、ひいき目に言っても非常に汚ないものでした。また、工事に携わる職人さんたちの態度は私には荒っぽく、乱暴なものに見えました。敷地内でタバコを吸ったり、ひどいときには庭で立小便したり……。それは私が旭化成ホームズで見てきた〝お客様ファースト〟で、きっちり管理された工事現場のマナーとまったく異なるものだったのです。

私はあわてて父のところに行き、「大丈夫なの?」と尋ねました。父はきょとんとした表情で「何が?」と問い返すだけです。ずっとこのスタイルでやってきた父にとって、この現場の様子は普通であり、他メーカーのやり方に比べてあまりにも乱暴であることにまったく気づいてなかったのです。

そのとき私が感じたのは「やばい!」という強い危機感でした。あまりに旧態依然とした施工環境。確かにここは広島の郊外という田舎ですが、こんな調子でやっていたら自分が帰る前に会社はつぶれてしまうんじゃないかと私は危惧しました。たとえ自分が営業して注文をとってきたとしても、こんな施工のやり方をされたのではとてもじゃないがやっていけない……私は父と自分、東京と地元の価値観の違いに愕然としましたが、しかしそれは同時に「ここに帰ってきて自分がやるべき仕事はある。しかもたくさんある！」と私の決意を後押しすることにもなりました。

そして、ついに……。

私は父と仲のいい人生の先輩とお酒を飲みに行き、その方に自分がそろそろ広島に帰ろうと思っていることを話しました。するとその方はお酒が入っていたこともあって、「そんないい話は早くお父さんに知らせてあげないと！」と盛り上がり、その場で携帯電話を取り出すと、私の目の前で父に電話を掛けはじめたのです。そしてつながった電話を私に握らせると、さっきの話を私の口から父に伝えるよう、ジェスチャーでけしかけてきます。

私自身もお酒が回っていたこともあり、覚悟を決めて一気に言いました。

「俺、広島に帰るわ！」

「おう、わかった！」

あとで聞くと、そのとき父も広島の繁華街・流川で知人とお酒を飲んでおり、相当酔っていたようです。父は快活に返事をすると、電話はぷつりと切れてしまいました。

私は広島に戻ることを決めてしまった。それを父に話し、了解してもらった――。

電話が切れた後も、私の中ではついに一線を踏み越えてしまった興奮が残っていました。もう戻れない発言。人生のターニングポイント。私はそれを自分の意志で決め、父に話してしまったのです。そして父親はその決断を「わかった」と言って受け容れてくれたのです。

自分が家業であるホームサービス植木の跡を継ぐ、そしてこれまでの人生でまともに向き合ったことのない父と共に仕事をしていく――。

私は未知の世界に流されていく不安をかき消すように、一気にアルコールを喉に流し込んだのでした。

父・重夫

わしは「5年早いな」と思ったけど、息子は「2年遅かった」

繁之から「広島に帰ってくる」って話があったときのこと?

……よう憶えとるよ。前にわしが広島でお世話になった人が埼玉に行っとって、どうもその人が繁之と飲んどったらしいんよ。

その人から急に電話がかかってきて「電話、替わるけえ」言うじゃないね。そのときはわしも流川におって「おまえ、どういうことや?」って聞いたけど、「いやいや、それがねぇ……」って要領得んけえ、「まあええわ。わかったわ」って言って切ったけど、「広島に帰ってくる」言うても、こっちはそんなにすぐ帰ってくるとは思っとらんよね。酒の席じゃし、向こうだって酔うとるし。「次の休みに帰省するのに、なんでそんなわざわざ電話してくるんじゃろ? おかしなことじゃな」くらいの感じよ。

就職のときとか、相談はあったよ。

わしは住友林業がええんじゃないんかって言ったけどね。ヘーベルハウ

スは鉄骨でモノはええんじゃけど、広島ではどうかなっていう気持ちがあって。他に積水ハウスや大和ハウスいう選択肢もあったけど、主観じゃけど、あのへんの会社は入社したら設計なら設計、営業なら営業とひとつの分野しかやらせてくれん気がして。将来自分で何かやりたいと思っとるんだったら厳しいかもしれんのぉ、とかそういう話もした。

ただね、そういうときも別にわし、「住友林業にせえ」とか一方的に命令するわけじゃないんよ。「住友林業かへーベルハウスの、どっちかじゃろうの。わしとしては住友林業の方がええと思うけど」といった感じよ。

わしはいつもそういうやり方じゃね。「これにせえ」とはこれまで一度も言ったことがないし、きっとこれからも言わない。そして提出する選択肢は常に2つ。何か言われたら「これとこれのどっちかにしたらええんじゃないか」と2つの選択肢を出して、選択は自分でやらせてきた。

これまでも全部そう。大学の進路について相談されたときもそう。大学の進路についても相談は受けたけど、やっぱりそのときも「これにせえ」

とは決して言わんかったはずよ。

じゃけえ息子らには一度も「会社継いでくれ」ということは言ってない。それは繁之に対しても、健次郎にも善治にも、みんな同じ。わしからは一言もそんなこと言ってないし、言ってないけど2人は「継ぎたい」いうて帰ってきた。

最初に会社に入りたい言うてきたのは善治よね。そのときも長男経由でそういう話を聞かされたけえ、当面は「ほんまかいな?」って感じですよ。確かに「いずれは頼みたい」いう気持ちはあったけど、そのときはまだ自分が会社を回していくことに必死じゃったけえ、子どものことなんか頭にないわな。そうこうしてたら今度は繁之も帰ってくるいうじゃないね。

そもそも会社を継いでほしいという気持ちはあったのか?

うん、まあ……そりゃあるわね。継いでほしいいう気持ちは、ありましたよ。

ただ、大事なのはその時期よね。よく世間で言うところの「他人の釜のメシを食う」いう時期があるじゃないね。繁之の場合、それがあまりに短いような気がしたんよ。だってその酒の席で電話がかかってきたときで、ヘーベルハウス入社して何年じゃったっけ？……ちょうど5年くらいか。5年はやっぱり短いわな。わしとしてはせめてもう5年、最低でも10年は他所で働いて、いろんな経験を積んで、その後に帰って来てくれればええなっていう腹積もりでおったわけ。

でも長男は5年経ったところで「帰ってくる」って言ってきた。じゃけえ、わしとしては「え？」って思ったんよ。もちろん継ぐとか継がんとか、いつ帰ってくるとかそんなことときちんと話した記憶はないけど、こりゃわしが思ってたのとはちょっと違うぞ、って。確かに早く継ぐのは早いというので何か利点があるのかもしれんけど、あれは会社でよっぽど何かがあったんかな？　会社におられんようになることでもやったんかな？

繁之が帰ってくるとなったのが、繁之30歳のときで、わしが59歳のとき。

わしは「5年早いな」と思いよったけど、息子に言わせたら「2年遅かった」ということらしい。2年遅かったってどういうことなんかわしにはわからんけど、とにかく息子は広島に部屋を借りて家族で引っ越してきた。

そしてホームサービス植木という会社で一緒に働くようになるんよ。そこからがまた大変だったんじゃけどね。

Shigeo Ueki

第2章

父親の事業継承、息子の事業継承

〜事業継承の過程で見えたそれぞれの想い

同じ会社で働きはじめ、
いざ事業継承のまっただ中へ。
二代目のプレッシャー、創業者としての心遣い。
２人が一緒にやってこれたのはなぜでしょう？

父・重夫

大事なお客さんの一言で、事業継承を真剣に考えるようになった

事業の継承に関しては、昔から関心がないことはなかったよ。

まったく気にしてなかった言うたらウソになる。

実際、地元で開かれとった「継承問題研究会」いう会合には顔を出しよったしね。いずれにしても、永遠にわしが仕事できるわけはないし、だったらいつかは会社を誰かに任せんといけん。そのことは、まあ頭の隅にはあったよね。

そうそう、継承のことについて真剣に考えるようになったきっかけがあるんよ。

あるとき大事なお客さんとこ行って、世間話をしよったんじゃけど、そしたらわし、なんかのはずみで「いずれはわしも仕事辞めることになるけえ……」ってことをポロッと漏らしたんよ。そしたらその人が血相を変えて怒りはじめて。

Shigeo Ueki

「齢をとったけぇ辞めるって、それはおまえの勝手じゃろ。わしはこれまでおまえのことを信じて、家のことを頼みよったんじゃ。おまえは自分の都合で辞めるんかもしれんけど、もしおまえが辞めたらうちのことはどうするんじゃ。おまえの言っとることは自分勝手じゃ。そんなこと言いよったら、こらえんど！（「こらえんど！」は広島弁で「許さんぞ！」の意）」

わしにとっては、その言葉がショックでね。そんなに怒られるとは思っとらんかったし、それまでその人にそんなキツい言葉で言われたことなかったし。そもそもこっちも全然悪気のぅ言った言葉じゃったしね。

でも家に帰ってじっくり考えてみたら、その人の言っとることはもっともじゃのうって思うようになったんよ。

だって逆の立場で考えたら、そうじゃろう？　自分が信頼しとる人が急に明日で引退します、仕事辞めますって言ってきたらどう思う？　もちろん身体のこととかじゃったらしょうがないんかもしれんけど、それで旅行行ったり趣味に夢中になっとったりしたら納得いかんのじゃないかね。これまでさんざん信頼しとったのに、急に仕事をほっぽり投げて、あとはほったらかしって……わしだって信頼しとった職人さんに急に「明日から辞めます」って言われたら困ってしまうもん。「え、こっちはなんも悪いことしてないのに、どうして？」って。辞める方は辞めりゃあそれでええんかもしれんけど、残された人はたまったもんじゃないよね。

そのとき「わしはなんてひどいことを言ってしまったんじゃろう……」って反省したんよ。それで「自分がおらんようになっても、これまでお世話になった人たちが困らんようなカタチを作っとかんといけん。いつか誰かに会社を譲るにしても、『立つ鳥跡を濁さず』じゃないけど、そういうカタチをちゃんと作っておくことまでがわしの仕事なんじゃないか」と思うようになったんよね。

ただ、そうは言うても、それで具体的に何かやりはじめた、子どもらをすぐこっちに帰らせたいうことはないんよ。やっぱり、それは「いずれは」いうくらい。頭の中に「いつかちゃんと取り組まんといけんこと」として置いとったけど、毎日の仕事に追いまくられて、そしたらどうしたんかしらんけど善治、繁之と向こうから自然と「家の仕事やりたい」って帰ってきたんよ。こっちが何も言わんのに。向こうも何も言っとらんかったのにね。

子どもらが帰ってきて、よその人には「継承がうまくいってよかったですね」って言われることもあるけど……どうなんじゃろ？

実質的にどうなんかについては、疑問点はいっぱいあるよ。はたしてこれがうまくいっとるんかどうかはわからんし、これに関してはゴールはないような気がするけど。

子どもが会社に入るときに言ったこと？……別にたいしたことは何も話しとらんよ。「仕事はこういうふうにやるもんじゃ」いう話は一切しとらん。ただ、言うたんは「仕事には身を入れえよ」いうことと、「これはおかしいいうところがあったら、ちゃんと言え」いうことくらい。

特に繁之の場合、大手企業と個人企業で差はいっぱいあるじゃろうけえ、もしそれに気づいたんなら自分で直していけ。わしにどうせえこうせ

Shigeo Ueki

え言われても、わしはここから直ることはない。そこから改革していくんはあんたの役割だし、その改革は自分の思うように自由にやっていい――わしが言うたんは、それくらいよ。

じゃけえ、わしの会社に入ったけえいうて、あれやれ、これやれっていうのは一言も言っとらんよ。ただ、向こうから「これはどうなん？」とか「ここはこう変えてもいいか？」っていう相談はあったりするから、そのときは右か左、２つの選択肢を出してどっちか選べ、と。そうよ、いつものわしのやり方と同じよ。

そういう感じで子どもが会社に入ったけえいうて、気を遣ういうことはなかったよ。わしのやり方が変わったとかは、全然なかったと思うね。

息子・繁之

親の会社を継ぐことは気楽な逃げ道ではなかった

30歳のとき旭化成ホームズを辞めて、広島に帰ってきて、ホームサービス植木に入社しました。

今からちょうど10年前のことになります。

帰る前もそうですが、帰ってきた後も父とはあまり話していません。確かに職場では上司と部下ということで同じ時間を過ごしますが、やっぱり父はあちこち飛び回っているので、普段顔を合わせることは少なかったりするのです。

父は……仕事に関して怒るときもありますが、私に対してはほとんど何も言ってきません。ただ、「好きにやりなさい。フォローはいくらでもするから」と。私は好きなようにやらせてもらって、たまにそれが父の逆鱗に触れるとこっぴどく怒られるという感じです。そのときも父は〝父親として怒る〟というより、ちゃんと〝社長として怒る〟という感じになっていました。

それより私にとって、広島に帰ってきてすぐの頃は、父との関係より大変なことが山のようにありました。父よりもっと緊張感をもって向き合わなければいけない人が他にいたのです。

まずは会社のスタッフや一緒に仕事をする職人さんとのぶつかり合いです。

広島に帰るとき、私はあえてきつめのパーマを髪にあてて戻ってきました。それは誰もが「なんやコイツ？」と感じるほどあからさまなものでした。私は入社に際して、ホームサービス植木の社員から反発を喰らうことを覚悟して、それを制する意味であえて威圧的な髪型にして会社に入ってきたのです。簡単に言えば、私は周囲の人にナメられないよう、外見も含め過剰に気合を入れていたのでした。

そのとき、私は会社のスタッフとはほぼ初対面という状態でした。実際、突然やって来た〝社長の息子〟に対して、社内の風当たりは非常に強いものでした。冷静に考えれば、それは当たり前のことです。

なぜならそれまで一度も会社に顔を出したこともない若造が、次期社長は自分だという顔をしていきなり現れたわけですから。しかもその男は妙に都会かぶれしていて、自分たちの仕事のやり方を否定したり、これまでと違ったやり方を導入しようとします。父の下で地道に仕事をやって来た彼らにとって面白いはずがありません。ホームサービス植木のスタッフにとって、私の登場は寝耳に水以外の何物でもなく、平和な仕事環境をブチ壊す災厄でしかなかったことでしょう。

社内の風当たりも強いものがありましたが、それ以上に厳しかったのは施工に携わる職人さんたちの対応です。ただでさえ頑固で、職人気質の彼らにとって、私の存在は災厄を超えて憎むべき敵でしかないようでした。

あるときは目の前で「おまえは親の七光りだ」と罵倒されました。あるときは私が工事の進め方について説明しても「おまえはそう言うけど、親父さんはそうは言ってないで」と反論し、私の前で父に電話して「息子さんがなんか言いよりますけど、どうしましょうか?」と質問されました。あまりの屈辱に私は顔から火が出そうでした。

そういう状況を変えていくため、私はとにかく必死でした。社員や職人さんたちから信頼を得るため、新築家屋の完成見学会にみんなを招待し、そこで腹を割ってみんなで話をしたりもしました。とにかく時間をかけて、一歩ずつ、あきらめることなく話をすること——そうした行為によって少しずつ、スタッフの私を見る目は変わっていった気がします。

私の中にあったもうひとつの問題は、十数年ぶりに帰ってきた故郷にいかに早くなじんでいくかというものでした。

旭化成ホームズ時代「最終的に売れるか売れないかは人で決まる。だったら私は私自身を売り込みたい」という哲学に撃ち抜かれた私は、とにかくこの土地の人たちに自分を売り込むことに躍起になっていました。十数年というブランクがあるのに、自分を効果的にアピールするにはどうすればいいか。社内スタッフの信頼を得るためにも、いち早く地域の方々に私のことを知ってもらって、仕事を任せてもらえるようにならなければ、私の立つ瀬はありません。

私は腹を括り、思い切った作戦に出ることにしました。

私は社用車である軽バンの横に自分の顔写真を大きく引き伸ばして貼り、その横に「リフォームは人で決まる」という文言をデカデカと書いて、それで地元を走ったのです。

そんなことをして恥ずかしくなかったのかと聞かれたら、当然恥ずかしいものがありました。知り合いもたくさんいる地元で、自分の顔を貼り付けた車に乗っているのですから当然です。しかしそのときの私は、それくらい精神的に追い詰められていました。社内に味方もおらず、自分の立場らしきものもない。30歳で故郷に帰ってきた私にとって、ここで失敗したら他に行ける場所などなく、すべては背水の陣でなんとかここで自分のアイデンティティーを確立するしかないという切羽詰まった状態だったのです。

さらに、帰郷してやっとわかった事実が私にそこまでの行為をさせたという側面もありました。

この土地で父・重夫の信頼は絶大なものがありました。それを短期間で超えるには当たり前のことを当たり前にやっているだけではダメだ。自分のキャラクターを全開にしてぶつかっていかないと、私は父のレベルまで到達することができない――私が広島に帰って、多くの人に言われたアドバイスは以下のようなものでした。

「お父さんと同じことはするなよ。絶対に負けるから」

結局私は広島に戻って3年間、車の横に自分の写真を貼り付けて走り回ることになります。私にとって〝親の会社を継ぐ〟ということは気楽でオイシイ逃げ道なんかではなく、常に親と比較され、その上で周囲の人たちを納得させていかなければならないイバラの道だということを、そこで初めて知ったのでした。

父・重夫

会社に子どもを入れるのは、プラスよりマイナスの方が多い

子どもが入ってくれることで継承問題の方はカタが付いたけど、会社としてはね、子どもが入ることでマイナス項目の方が多いんよ。

だってそうじゃない？　社員はみんな「後から来て何しやがる！」って思うわけよ。会社のことなんか何も知らんやつがポーンと来て、いきなり部長になったり、いきなり常務になったり、いきなり専務になったりするわけじゃけえね。

そういうときに誰かが一言、「あんたに何ができるんや！」って言いはじめたらもう統制がとれんよ。だってそれは本当じゃけえ。何にもできんのに後から来て偉い役職に就くっていうのは、どう考えても理不尽なことじゃけえね。

それをねじ伏せるのは本人次第よね。これまでわしについてきてくれた社員たちに、新たなボスとして認めてもらえるかどうか。そういう意味で

は、会社を継ぐ方も大変じゃとは思うよね。

繁之のときもどうするか悩んだところはあったよ。もともとはね、ホームサービス植木には会社の実務を一手に引き受ける責任者がおったんよ。その人は65歳でわしより年上で、積算から現場、図面を引くことからＲＣ（鉄筋コンクリート造）から木造までなんでもできる頼りになる人じゃった。

じゃけどその人は繁之が帰ってきてしばらくして、わしに「息子さんも帰ってきたんで、わしもそろそろ身を引こうと思います」って言うてきたんよ。その人はたぶん、ほんまはもっと働きたかったと思うんよね。だってわしも息子が帰ってくるとは思っとらんかったし、その人もそんなことが急に起こるとは思っとらんかったはずじゃけえ。会社にとっては想定外のことが起こってしまったんよ。

わしは「そんなこと言わんと、会社に残って息子を指導してやってくれ」って言ったけど、その人は「それは難しいと思う。ハナからわしがおらん方が会社はうまく回るじゃろう」って言うて。いろいろ思うところもあったんじゃろうな……結局その人は繁之が帰ってきて半年経った頃、辞めることになった。

繁之が帰ってきて10年、付き合いのある職人もずいぶん若返ったよね。それがええんか悪いんかはわからんが、これまでの人はおらんようになって、新しい人が出入りするようになった。今はそれが〝会社が若返る〟〝世代が変わる〟いうことなんかなぁと思ったりもするよ。

とにかく繁之は新しいものをいろいろ持ち込んでくれたよね。たとえばメディアの人と付き合うて、雑誌やなんかに取り上げてもらったりとか。そういうのはわしにはマネできんことじゃけえ、素直にすごいと思うわ。

あと、今はインターネットでやりとりして、お客さんが現場を一度も見ずに住宅が完成するいうこともあるんよね。どうするんか見とると、施工しとる途中の写真を撮ってお客さんに送ったら、それにバツ印と指示が入ったメモが送り返されてきて、その指示通りに直してまた写真撮って送ったらＯＫが出る——お客さんとのやりとりはそれだけ。お客さんは現場に来ることがないんよ。

その感覚はわしにはわからん。もう、これは時代のズレじゃね。

親子ほど年齢が離れとるわけじゃけえ、考え方はまったくといっていいほど違うよ。

一番いい例は、たとえば今日が金曜日で、お客さんから電話がかかってきて「日曜の18時から打ち合わせしたいんですけど」って言われたらどうする？　わしじゃったら、何を置いても駆けつけるけど、今の若い子は平気で断るんよ。繁之も善治もそう。時代のズレなんかもしれんけど、わしにはそれがまったく理解できんよ。

だってそこで「行きます！」って言わんと、その仕事は別の会社に取られるかもしれんのよ？　言われたらすぐ駆け付ける、それがウチみたいな零細商店のよさなんじゃないんね？

で、繁之に「なんで行かんのや」って言うと、「今はみんな家族中心の時代だし、そんなんでよそへ変わることはない」って言うんよ。まあ、今は

そういう時代かもしれんけど、それでも「鉄は熱いうちに打て」じゃないけど、お客さんが「注文したい！」と思っとるときに行かんでどうするんじゃろ、って思うよね。

もちろんそこで「そういうときは、なにがなんでも絶対に行け！」とは言わんよ。「全部が全部行けとは言わんけど、そういうやり方は問題ある思うで」くらいは言うけど、「絶対行け」とはよう言わん。だってそんなことしたら繁之のヨメさんに「お義父さんはウチらの家庭を犠牲にしろって言うんですか！」って怒鳴られるけえね。

ただ、わしは今でも「日曜いいですか？」って言われたら駆けつけるよ。もしメシを食いよる途中にお客さんから電話がきたら、わしはメシを放り投げて応対する。子どもらは食い終わった後で改めて電話を掛け直す。そんなの別に数分くらいの差じゃないって言うかもしれんけど、それは仕事に対する向き合い方の問題じゃとわしは思うんよ。

だってわしはそういうことの積み重ねでここまでやってこれたんじゃけ

え。お客さんに声かけてもらって、信頼してもらって、それで仕事をもらってこれた。

たとえば日曜の夕方、お客さんの家が水漏れしたいうとき「今すぐ来てくれ」って言われてそれを断ったら、その家からはもう二度と仕事は来んよね。水漏れは月曜まで待ってくれん。仮に優しいお客さんなら「日曜じゃけえしょうがないか」って思ってくれるかもしれんけど、そんな状況で「ウチはすぐ行きます！」って手を挙げる業者がいたらどうじゃろう？　わしなら次からそこにお願いするようになるよね。だって自分が苦しいときに駆けつけてくれたんじゃけえ、そんなの当たり前よ。

あと、知り合いが「植木のところなら日曜でも絶対来てくれるけえ連絡してみい」って推薦してくれた場合だったらどうか。わしが行かんかったら、わしを推薦してくれたその人が恥かくことになるよね。わしを信じてくれた人に恥かかすことになる。

じゃけえ、わしは依頼があったらたとえ飲んでる途中でも行く。子ども

の運動会があっても優先するし、誕生会の店を予約してるって言われても遅れて行ったりする。

だって工事の技術なんかは、そんなにたいして差がないんじゃけえ。技量が変わらんのんじゃったら、じゃあ何で勝負するん？　お客さんの依頼はいつ、いかなるときにでも応える――そうやって信頼を積み重ねていくしかないじゃないね。

まあ、繁之のところも今は子どもが小学生じゃけえ難しいかもしれんけど、子どもが大きくなって手が離れたら、わしと同じことをやらざるを得んと思うよ。なぜかというと、そんなふうに人間関係を無下にしよったら仕事が来んようになるから。かといって他の社員に行かせようとしたら、「社長は週末休んどるのに、わしらにやらせるのはおかしいんじゃない？」って絶対文句が出るから。

今はまだええんよ。親父が元気でおるけえ、なんかあってもフォローしてくれる。これがもうちょっと時間が経って、全部自分で仕切らんといけんようになってきたらどうなんじゃろ?

今はわしの時代のやり方と、新しい時代のやり方が混ざりながら移行しよる最中で、最終的には行き着くところに行き着くんじゃないかと思うけどのう。

息子・繁之

会社に入って感じた父のすごさ、そして見つけた自分のやり方

入社して父が私のことをケアしてくれたかというと、そんなことはなかったように思います。

ただ、私がやりやすいようにいろんな面ではサポートしてくれました。そういう優しさは感じました。

たとえば私が会社に入ったとき、年配の責任者の方がおられたんです。私は広島に帰ってきてすぐに店長になったので、その責任者の方はとてもやりにくそうでした。その方との間にはしばらくぎこちない空気が流れてましたが、その後、その方は会社を辞めることになりました。詳しくは聞いてませんが、もしかして父が何か言ったのかなと思います。

ホームサービス植木で働くようになって、これまで知らなかった父のすごさを感じるようになりました。

基本的に父は会社にいません。連絡はとれるけど、いつもどこにいるかわからず、あちこち飛び回っているという状態です。「だったら私も同じようにしよう」と思い、私は私で勝手気ままに飛び回り、そんな中でも決定事項の報告だけは欠かさないという形でつながっていました。

父のすごさを感じたのは、自分の足で外回りをしたときのことです。広島に帰ってきたばかりの私は、とにかく自分を売り込むことに必死だったので、事務所にあった顧客データを見つけると、そのリストに載っている家を訪問して回ることにしました。

私は一軒一軒顧客を訪ね「植木重夫の息子です、地元に帰ってきました」と挨拶していったのですが、そのとき植木重夫という名前を出すと誰もが「はいはい！」と反応するのです。つまりこれまでの顧客のほぼ全員が植木重夫という人物を認識し、仕事が終わった後でもおおむね好意的な印象を抱いていたのです。

訪ねた家では私が植木重夫の息子であることを知ると、「お父さん元気？」といった質問から、「お父さん本当よく働くよね」「お父さんには世話になったよ」といった感じで父の話題で盛り上がりました。みんな父のことを話すときはどこか嬉しそうな表情をしていました。

人は本人の前では素直になれなくても、第三者から話を聞くことで素直に認められるということがあります。

私はこれまで父が積み重ねてきたものの大きさを改めて感じると同時に、父が築いてきた信頼を自分が引き継ぎ、さらに大きくしていきたいと思うようになりました。それは「かじれるスネはすべてかじろう」という開き直りであるとともに、「父がこの地で築き上げてきたものを決して無駄にしない。自分の代で絶やさない」という誓いでもありました。

私は挨拶に出向いたみなさんに「これからは私の方に連絡をもらえば、私が対応させていただきますので」と告げて回りました。それは「父が積み上げてきたものを、私が受け継ぐ。私がいただく」という〝事業継承〟の本質を私自身がやっとリアルなものとして捉えられた瞬間だったかもしれません。

Shigeyuki Ueki

もちろん事業を継承するといっても、私と父は性格も違えば世代も違うため、父と同じように仕事に向かうことは不可能です。

私は父の会社で働くことで、次第に父と自分の仕事のやり方の違いも理解していきます。

父の仕事スタイルは、一言で言うと「義理人情」でした。とにかく顧客と強い信頼関係で結ばれた状態。それはお客様の元に出向いたとき、父が言っていた話とそのお客様の話す言葉がまったく同じであることが証明していました。

決して数は多くありませんが、私が父からこっぴどく怒られたのは、父が大事にしていたお客様に対して、父の意図とは違うことを私がやったときでした。たとえば父の知らないうちに私がそのお客様と話をして、それを父に報告しないでいたときなど、父は「わしがこれまで築いてきたものに対して、どういうつもりでやっとんなら！」と烈火のごとく怒りました。

それは父が長い年月をかけ、細心の注意を払って築き上げてきたそのお客さんとの信頼の畑を、私が勝手に荒らしたように感じたからでしょう。父にとっては、それくらい信頼というものが大切なのです。そのお客さんにとって自分が〝一番〟であるという誇りこそが経営者としての生命線なのです。

それを目の当たりにして、私は「植木家のマインドはこれだ」と心に決めました。ホームサービス植木のモットーは、とにかく義理人情を大事にしていくことである、と。お客様との信頼関係の構築が何よりも重要である、と。

それは私の中にあった「事業エリアを拡大する」「会社を大きくする」という経営者としての夢を封印することにもつながりました。なぜなら事業の拡大を目指すということは新規顧客の獲得に邁進し、なじみのお客様への対応が疎かになる可能性が高まります。会社の拡大を目指すということは、お客様との絆より自社の利益を優先することを意味します。

義理人情を経営の柱に据えるということは、ホームサービス植木を選んでくださったひとりひとりのお客様との関係性を常に一番に考えるということです。量より質をきっちりキープするということです。私は代が変わっても「やっぱり植木さんのところは安心できるね」と言ってもらえることを、父から受け継ぐことに決めたのです。

そうは言っても私は父と性格が違うし、父のような爆発的な情熱も、圧倒的な行動力も、カリスマ性もバイタリティーもありません。その一方で、父のやり方も完璧なわけではなく、いくつかの問題を抱えていました。たとえば、ずっとワンマンで社長業をやってきたので他人の話を聞かない。決断も行動も早い代わりに計画性がなく、後で予定がバッティングすることがたびたびある。また、そのせいで周囲のスタッフが振り回されて、仕事の効率が上がらない。公私混同が激しく、事務所が自宅のようになっているし、ひどいときには会社のスタッフに神社の仕事をやらせたりする……。

つまり父はずっとエースで四番、ひとりで会社を引っ張ってきたのです。そんな能力のない私は、それでも父と同じアウトプットを実現するため、チームマネジメントに注力することに決めました。会社の方針や考え方をまとめ、みんなが働きやすい環境を整えることで会社全体の総合力を上げていく。社員の意見を聞き、コミュニケーションを密にとることで、スタッフ全員のポテンシャルが発揮できる会社を作り上げていく――。

はたして今、それがどのくらいできているかはわかりません。しかし〝すごい父親〟を超えるため、私は私なりのやり方でチャレンジしていくしかないと思うのです。

父・重夫

「社長はまかす」と言ったその日から自分の机を会社からなくした

繁之と会社でぶつかり合うことは、ほとんどないね。人前ではケンカも言い合いもせんよ。

まあ、さすがに「こりゃあひどいわ」って思うことがあったら言うけど。そういうときはわしの部屋に呼んで話をするか、または電話で済ますか。または別の誰かを通して伝えてもらうか。

だって、人前で言うようになると、絶対こっちの顔色をうかがうようになるけえね。それじゃったら向こうも帰ってきた意味がないじゃろ?

そうそう、わし繁之に「2年後にあんたに社長まかすわ」って言ったその日から、自分の机を会社からなくしたんよ。じゃけえ今、わしはホームサービス植木では打ち合わせ用の机しか使っとらん。まだ2年あるんかもしれんけど、そう決めた瞬間から会社にはわしがおらん方がええと思ってね。中和建設の方も来年には社長を善治に譲ろうと思っとるけえ、そこの

机も年内にはどげようと思っとる。

じゃけえいうて、全部が全部、向こうのやっとることを指をくわえて見とるわけじゃないんよ。そりゃ怒ることもあるわいね。

何に関して一番怒ったか？……繁之はね、人がよすぎるいうか収益に関して甘いところがあるね。

ええ値段で仕事してくれるけえお客さんとしては嬉しいかもしれんよ。じゃけど「会社の社長としてそれはどうなん？」とも思うよね。工事に対して思い入れが強すぎて、原価率が上がっても「いいよいいよ、こっちで持つけえ」って言ってしまう。お客様にサービスすることは大事じゃけど、それを続けすぎるのはどうなんじゃろ。わしはそれは違うと思うし、そこに甘えが出とるような気がするね。

繁之が帰ってきてから植木家は月に１～２度、家族全員が集まって食事するんよ。そういうときに、ついそういった仕事の話になってしまうことはあるね。普段会社で言わんようにしとるけえ、余計にそういった場で出てしまうんじゃろ。まあ、そういうのは個人の価値観じゃけえ、結局結論は出んのんじゃけど。

じゃけえ、やっぱり蛇の頭は2つあったらいけんのよ。古いものがおったら、どうしてもそっちの顔色を見て仕事するようになる。それじゃあ会社は変わっていかん。新しいボスが入ってきたら、古いボスは出ていった方がええんよね。

なんでそこまで息子を立てるんか？

　別に息子を立てとるつもりはないけど……だってこっちは「会社を継いでもらう」立場なんじゃけえ。こっちが上から目線でどうするんね。息子のやり方がイヤなら全部自分でやりゃあええけど、それができんわけでしょ？　だったら託すしかないじゃろ？

　やってもらうんだったら、思うようにやらしてやった方がええじゃないね。せっかく自分なりのやり方で新しい時代を切り開こうとしとるのに、年寄りが「ああせえこうせえ」とか「それは違う、あれは違う」って言ってきたらどう思う？　そんなんわしだったらイヤじゃし、ヤル気も失せるわな。

　もちろん見とって口は出したくなるよ。最初は腹立って「なんでこんなことができんのんじゃ！」って思って、ほんまに手に汗かいとった。じゃ

Shigeo Ueki

けどそれが気に入らんかったら自分でやるしかないんよ。それができんのだったら、もう全部託すしかない。どっかで開き直ったんかもしれんけど、もし自分が逆の立場で「おまえにやらしたる」って言われて、「それ違うわ。ここはこうやるんじゃ」って言われたら、わしなら「じゃあおまえが自分でやれや！」って絶対思うけえね。

繁之だって「そんなんいつ決めたんや！」って思うこと、これまでもいっぱいあったよ。じゃけどあいつは最終的な結論や結果は絶対報告してくれるんよ。まあ、わしとしてはそれでええというか、そうやってこの会社はあいつの色に染まっていくんじゃろうと思っとるよ。

息子・繁之

事業継承成功の秘訣は
——お互いリスペクトの感情があったから

広島に帰って5年が経った頃、ホームサービス植木の社長を正式に父から受け継ぎました。

引継ぎに関してはスムーズでした。それ以前から「わしがいつまでも社長をやれるわけじゃないし」と話しており、私だけでも現場が回るようになってきたのを見計らって、「そろそろやるか」となったのです。

社長を引き継ぐにあたって、改めて父とヒザを交えて話したということもありません。帰って数年経ったころ、自然と「65歳が節目じゃけえ、そこで代表を替わろうか」と。そんな感じで淡々と、粛々と継承は進んでいきました。

事業継承をうまく進めるコツ……何でしょう？　自分としてはよくわかりませんが、私に事業継承に関する知識があまりなかったということはプラスに働いたかもしれません。会社がどんな事業をしていて、借金や売り上げなど経営状態がどうなっているか、もし事前に詳しく知っていたら、私は怖くて飛び込んでいけなかったかも、と思います。

私は自分の気持ちの盛り上がりに任せて、勢い任せで広島に帰ってきました。会社に入ったら入ったで、そこで父の偉大さや築いてきた業績の大きさを発見し、「もらえるものはすべてもらおう」と素直に思うことができたのです。いわば渦中に飛び込んで、もがきながら自分なりの泳ぎ方を身につけていった感じです。最初から会社の実態や状況を把握していたら、はたして父の跡を継ごうと冷静に思えたのか……今となってはその答えは闇の中です。

ただ、父があまり細かく私に指示を出さなかったことは、事業継承がうまくいった大きな理由のひとつだと思います。もちろん仕事のやり方など父は私にあれこれ言いましたが、最終的には「好きにせえ」と託してくれました。物事の主導権を私に渡してくれました。そのような形で父が道を譲ってくれたことで、私たちは自我をぶつけ合うことなく継承を進めていくことができたというのは紛れもない真実だと思います。

その根底にあるのは……やはりお互いリスペクトの感情があった、ということではないでしょうか？

私たち親子は正面きって向かい合うことはありませんが、お互い肩を並べて同じ方向を向いているような気がするのです。面と向かって話さない代わりに、横で互いの存在を敏感に感じ合い、時には道を譲り合い、時には互いを引き立て合う——そんな関係を築けているように思うのです。

たとえば私は父の知り合いが数多く出席する会に出たときは「私の父はこんなにすごいんです」という話をしたりします。父は父で外の人に対し「息子はよう頑張ってくれとる」といったことを話してくれているようです。それが人づてに回り回って私の耳に入ってきます。そして私は感じるのです。そうか、父は私のことを外でそんなふうに思ってくれているのか、私の頑張りを認めてくれているのか——と。私は父がいない場所で、父からの評価を知ることになるのです。

Shigeyuki Ueki

父のすごさを知った瞬間……たくさんありますが、一生忘れられないのは私の結婚披露宴のときのことです。

私は旭化成ホームズに勤務している28歳のとき、２年間お付き合いした女性と結婚することにしました。私たちは京都で知り合ったので結婚式は下鴨神社でおごそかに行ったのですが、その数カ月後、突然父から電話がかかってきたのです。

「広島でも準備ができたけえ、おまえら◯月◯日に帰ってこい」

そのときも何の前触れも何の説明もありませんでした。

「誰がおるかとか気にせんでええけえ。とりあえず体だけ２人、こっち帰ってこい。わしが全部進行するけえ、おまえらはとりあえず挨拶だけしときゃええ」……

一体何が起こるのか、ある程度のことは覚悟していましたが、しかし故郷で私たち夫婦を待ち受けていたのは予想をはるかに超える壮大な祝宴でした。会場は広島の中でもトップクラスの全日空ホテル（現・ANAクラウンプラザホテル広島）。そしてそこに集められたのは250人もの招待客。そこには私が知っている顔などほとんどありません。そう、すべては父の仕事上の関係者や地域の活動でお世話になった方々で固められていたのです。

それは私たち夫婦の結婚披露宴というより、正確に言えば「ホームサービス植木の植木重夫社長の息子さんの結婚披露宴」でした。

そのスケールとド派手な演出、そしてそれらが私たちと一切関係ないところでセッティングされ、有無を言わせず進行していく様子に、私は妻と顔を見合わせ「私たち、なんでここにいるんだろうね？」と苦笑するしかありませんでしたが、しかし宴はただ豪華絢爛なだけではありませんでした。一体どこから連れてきたのか、神楽はあるわ、剣舞は行われるわ、フラメンコギターは奏でられるわ、詩吟は歌われるわで気がつけば披露宴は全４時間の長丁場。高砂席に座って見ていた私も「そこまでやるか！」と感じるほどのプログラムで、そのとき私は改めて父の破格のエネルギーを感じたのでした。

そうした父の〝暴走〟をどうして私は許してしまうのか？　どうしてそこで「やめてくれ」と言えないのか……それは私がもはやあきらめているからかもしれません。父は一度やると決めたら誰が何と言ってもやる人です。子どもの意見などこれまで聞いたためしがありません。

私は披露宴の間、むしろすがすがしいような気持ちで父の行動を観察していました。父は〝新郎の父〟というポジションで会場中を駆けずり回り、だれかれ構わずビールを注いでいます。私は一堂に会した父の〝お世話になった人〟から次から次へと祝福の言葉をかけられ（ほぼ全員私の知らない人です）、そのたびに名刺をいただくのですが、心の中ではひそかに「父はこんなすごい人とも交友関係をもっているんだ！」と驚きの声をあげていました。

そこにあったのは私の知らない父の姿であり、仕事や地域の活動を通じて父がこの地で築き上げた信頼関係の総決算を、私は目の当たりにしていたのです。

その披露宴における私の役割は最後の軽い挨拶だけでしたが、こうした情景を目にしたことで、私は用意していたコメントを一部変えて話しはじめました。

「みなさま、本日は私どもの披露宴においでくださって、ありがとうございました。正直、広島のボスと呼ばれるような方々がこれほど多く集まってくださったことに非常に驚いています——」

私のためではなく、私の父のために、これだけたくさんの人が集まってくれた。私の父はこれだけ多くの人から、これだけの尊敬を集めている人なのだ——この場で覚えた感動が素直な言葉として私の口から流れ出したのでした。

Shigeyuki Ueki

披露宴の様子（繁之・作）

父・重夫

子どもが大人になったら絶対つまはじきにされると思うとったのに……

ああ、披露宴の件？ 4時間、やったね。

神楽に消防団、わしの友達である日本一の詩吟の先生、マジョルカ島に行ったときに知り合った日本人のフラメンコギターのエキスパート……知り合いみんなに声かけてやりよったら、気がついたら4時間になっとったんよ。

そう、繁之には「こっちで好き勝手にやるから、おまえらはおるだけでええけえ」言うてね。もちろんお金はこっちの持ち出しよ。繁之のヨメさんには悪かった思うけど「いてくれるだけで十分だから」って頼みこんで。

なんでそんなことやったか？　そりゃ「おいおいは……」ってことをこっちも考えるじゃないね。別に時期は決めてないし、そんな約束しとるわけじゃないけど、将来あいつが会社を継ぐことになるんじゃったら、こ

Shigeo Ueki

ういう機会を利用してアピールしとかんといけんじゃろうが。

じゃけえ、あれは完全にビジネス。会社の関係者もたくさん呼んだし、普段世話になっとる人もみんな呼んだ。その人らに「わしの跡を継ぐのはこいつですよ。どうかよろしくお願いします」ってわしなりに挨拶というか橋渡しはしたかったし、それは成功したんじゃないんかね。

繁之が広島に帰ってくる、跡を継ぐって言うとらんのにそんな会を催したのは……今思うと、もしかしてそれもあいつをこっちに帰らせる戦略のひとつだったんかもしれんな。先にこっちで跡継ぎじゃいう既成事実を作ってしまおうとしたんかの?……どうじゃったんじゃろ。

そこらへんは、もう憶えとらんわ。


ただ、そのお返しじゃないけど、繁之もわしにサプライズを仕掛けてきたことがあるんよ。

わしが還暦のとき、なんかしらんけど朝の8時に緑井のフジグラン(広島市安佐南区にあるショッピングモール）で打ち合わせがあるけえ来てくれって繁之に言われて。「そんな早い時間に打ち合わせって変わっとるのお」って思いながらフジグラン行ったら、そこの映画館（ＴＯＨＯシネマズ緑井）に案内されて。「何じゃろう?」と思って入っていったら、わしの友達やらみんながおるじゃないね。それで「これ何なんや?」「え、おまえ知らんのんか?」って言いよったら、「まあ、席に座れや」って言われて。座ったら繁之が前に出てきて挨拶をはじめて。

そして部屋が暗うなって、スクリーンに映像が映し出されたんよ。わしの生まれてからこれまでの写真がスライドになっとったり、東京にいる健次郎とかお得意さんとか親戚とかみんなが「還暦おめでとう」いうメッセージを言ってくれたり——それ全部、繁之の策略なんよね。あいつが全部コンタクトして、いろんな人のところ行って写真撮ったり映像撮ったりして作ってくれたんよ。

不思議なもんじゃ思うよ。うちのヨメさんに言わせりゃあ、「あんたは子どもの教育にまったく携わっとらんけえ、子どもが大人になったら絶対つまはじきにされるよ」ってことじゃったんよ。実際そうじゃし、わしも「そりゃしょうがないのお」と思よったけど、結局繁之と善治は会社に入ってきて、仕事のことで相談してきたりするようになっとるんよね。わしは父親らしいことを何もしてないって自覚をもっとるのに、こうして映画館を貸し切って還暦記念パーティーをやるっていうのもフジグランで初めてらしくて……これはどういうことなんじゃろう。

お祝いしてもらって嬉しかったか？……うーん、嬉しいというか、どうこういうか、「まあ、やるもんじゃのう」って感じかのお。そういう部分はわしとはまったく違うし、そもそもわしにはそういう感性はないし。わしはガムシャラで動いてナンボの世界に生きとったけど、きっと息子の方は頭を使うタイプなんじゃろう。

やるもんじゃのう……それが一番ふさわしいかのぉ。

息子・繁之

私は孝行息子ではなく、父からたくさんのものをもらった息子

還暦誕生日のサプライズをやったのは、父が大人数が好きだからです。

私たちの結婚披露宴のときもそうだけど、とにかく父は大人数が好きなんです。私としては結婚披露宴であそこまでしてもらったんだから、いつかなんらかの形でお返しをしたいと考えてて。それで還暦のタイミングでああいうことをやりました。

実際何をやったかというと、スクリーンでは母や父の友人知人、そして東京にいる健次郎から父に向けたメッセージ映像を流してもらいました。全部で30分くらいあったんじゃないでしょうか。そして当日は知り合い60人に集まってもらって、全員に1本ずつバラを持ってもらって、それを父にプレゼント――還暦だから「60人から60本のバラをもらう」というコンセプトです。

そうですね、その準備は全部私がやりました。父はこれまでずっと前だけ見て走ってきた人なんで、たまには自分がやってきたことを振り返れる機会があればいいなと思ったんです。それ以外にも父の半生をまとめた冊子を作ったりもして。あれも予想外に喜んでくれて、追加で印刷して親戚中に配っていました。やっぱり父としても自分のやってきたことを後世に遺したいという気持ちはあったんでしょう。

実の親子でどうしてそこまでするのか?……

ときどき私のことを「孝行息子だね」と言ってくれる人がいますが、私はそんなことまったく思っていません。むしろ私は父からたくさんのものをもらった方。それはお客様だったり信頼だったり、決してお金では手に入れられないもので、それなのに私は〝植木重夫の息子〟というだけでそれを手に入れることができたのです。

それに加えて、結婚披露宴もそうですけど、父はいろんなタイミングで私のことをサポートしてくれました。何かを強制的にやらせることなく、陰でこっそり調整してくれたり。そういうことについて普段なかなかお礼の言葉は言えないので、たまにはこういう形で伝えてもいいかなと思うんです。

あとは……やっぱり小さい頃、父とあまりコミュニケーションをとってなかったというのもあるのかもしれません。父と直接接する時間が少なかったぶん、私は父の話をよその人から聞く機会が多くて、そのほとんどは父に対する賞賛でした。こんなこと言うのは恥ずかしいですが、父に対してはあんなふうになりたくないと思う一方で、尊敬している部分もたくさんあります。実際すごいことを成し遂げてきたし、父と同世代の人たちを見ても、ここまで行動力があって、ここまで自分を追い込んでいる人を私は見たことがありません。

今となっては記憶が定かではありませんが、幼い頃、もしかして私は父に振り向いてほしいと思ってたんでしょうか。もっと一緒に遊んでほしい、自分のことを認めてほしいと思ってたんでしょうか。

Shigeyuki Ueki

父と一緒の思い出というのは現時点でも数えられるほどしかなくて、大人になった今でもそれを増やしていきたいと思っているところはあるのかもしれません。やっぱりどこかで父の愛情を求めているのでしょう。

父も今年70歳。いつ倒れてもおかしくない齢になってきました。常に突っ走ってきた人なので、突然プツッと糸が切れたようになる可能性も十分あります。それは来年かもしれないし、再来年かもしれないし……。

そんなことを考えていると、時々「自分はファザコンなのかな?……」と考えてしまいます。

そうだ、父は会社、神社、消防団、商工会といった活動以外に50歳の頃から、また新しい活動をはじめたんです。

それは保護司としての活動らしいですが、実際父がどんなことをしているか私はまったく知りません。保護司というからには非行に走った子どもたちのサポートをしているのでしょうが、父にとって適職だと思います。父も昔はヤンチャしていたし、面倒見はいいですから。

ただ、仕事のときと同様、そこでどんなことをやってるか、どんな人と会ってどんなふうに接しているか、私たちにはまったく話してくれないんです。ときどき知らない子が父を訪ねてくるのをチラッと見たり、父が電話をしているところに出くわしたりするくらいです。

そんなときは「おまえ、ちゃんとごはん食べてるのか?」とか「お母さんの調子はどうだ?」とか私たちには言ったことがないような〝父親っぽいセリフ〟をしゃべっていて不思議な気持ちにさせられます。あの父の口からそんなセリフが出るなんて……。

もしかして父も私たちに対してできなかった〝父親らしいこと〟を、保護司という立場で実践しようとしているのでしょうか？　よその子どもを一人前にしてやることで、父親としての責務を果たそうとしているのでしょうか？

それくらいの情熱を私自身にも注いでほしかったか？……いや、そうは思いません。肉親とよその家族というのは別物ですから。私たちは私たち、向こうは向こう。きっとこれがいい距離感なんでしょうし、私たちはこういう形でしかつながれないのだと思います。

もしも父が心を入れ替えて、私たちの行動に深い愛をもって関わってくるようになったら……それはとてもうっとおしいと思いますよ。

そんなの絶対うっとおしいですよ！

父・重夫

自分の子どもが無事に成人してくれた恩返しをしたいんよ

そうじゃ、今度わし表彰されるんよ！

全国の保護司会の表彰式で全国保護司会会長表彰をもらえることになって。そこには天皇陛下もいらっしゃるらしいんよ。

保護司の活動はね、もう20年近くやりよるよ。安佐南区保護司会いうところに入っとってね。子どもが大きくなって、手が離れてからはじめたんよ。

これまで見てきたのは30~40人くらいかな。多いときには一度に6人の子を見たこともある。うちの子3人が世間に迷惑をかけないで無事に大人になってくれたけえね、なんか社会に恩返しできることないかなって探しとったら、地元の先輩が「手伝ってくれんか?」って声かけてきたんよ。

実際何をやるかいうたら、非行に走った子を呼んで更生に向けてのアドバイスをしたり、就職の斡旋をしたり。真夜中に警察に迎えに行ったりし

たこともあるよ。あと刑務所まで面会に行ったり。そんなん、いろいろよ。

そう、それでわし、テレビに出たこともあるんよ。『金スマ』いうんじゃったっけ（TBS系『中居正広の金曜日のスマイルたちへ』）。覚せい剤で捕まった、全身刺青まみれの女の子がおって、中国地方で唯一の女性刑務所である岩国刑務所まで保護司として迎えに行ったんよ。そのときは彼女の両親が身元引受人で、わしは立会人。そのときテレビに映ったね。

これまでいろんな子がおったよ。暴走族の子とか会社の事務所にすごい車で来るんじゃけえ。アメ車でボンボンいいながら来るけえ、何があったんかビックリするわね。

でもみんなええ子になっとるよ。非行いうのはカゼみたいなもんじゃけえ、その時期がすぎれば治るもの。じゃけど家庭に問題がある子はそのカゼをこじらせてしまって、面倒なことになることもあるんよね。

問題起こす子は、ほとんどお母さんに問題があるよ。大家族でピラミッド型の家庭で育っとるような子で問題児になる子はほとんどおらん。やっぱり問題起こすのは、家に帰ったら机の上に千円札が1枚置いてあって「お母さん今日遅くなるから、これで何か食べて」ってメモがあるような家の子。それでお母さん仕事しとるんかと思ったら、パチンコに行っとったりしてね。

ほんま、かわいそうな子をいっぱい見てきた。家庭のあたたかさを知らん子が想像以上に多くおる。16歳で、もう6年間も家でごはんを作ってもらったことがない子とかね。家族がバラバラで引きこもったりしとる子を、わしは怒ったり、すかしたりして、なんとか仕事の面接に行かせて。仕事辞めたと聞けば、また訪ねて行ってお母さんと話したりして。「あんたは知能指数は最高なんじゃけえ、やってないだけよ。努力して高校中退でも大卒のやつらを使ってやろうや！」ってハッパをかけたりして……まあ、いろいろ大変よ。

大変じゃけど、やっとって嬉しいこともあるんよ。暴走行為とかする子は鳶職になりたいいう子も多くてね。あの格好が勇ましく見えるんじゃろうか。あるときどうにもこうにもうまいこと進まん現場があるって聞いて、わしが直接出向いたら、「あれ、先生どうしたんですか?」って声かけられて。見たらわしが保護司やっとった子が〝棒芯〟っていう現場の責任者になっとったんよ。そこからは現場の待遇がコロッと変わったけど、わしが面倒見てきた子でもこれまで鳶と金属加工で大成したのがおるね。やっぱそういうの見とると、やったかいがある思うよ。

わしが保護司をしよることは会社には一切言わんよ。だって言ったら、その子らが会社を訪ねてくるとき、社員はみんな〝そういう目〟で見るじゃろ? じゃけえ近所の人も、わしが保護司をやっとることは知らん。その子らの家に行くときも会社の作業着を着て「こんにちはー」って仕事みたいなフリをして行く。保護司はそういう気遣いもできんといけんのんよ。

繁之もこのことは詳しく知らんのじゃないかな。わしが保護司やりよるのは知っとるじゃろうけど、それをどんな気持ちで、具体的にどんなことをやっとるかは知らんはずよ。別にそれでええと思うしね。

どうしてそこまでやるんか？……なんでなんじゃろうね。別にお金もらっとるわけじゃないし、お金もらってやるような仕事でもないし。わし、やっとって何の得があるんじゃろ？　今も２人の少年と１人の覚せい剤依存症の子を担当しとるけど、ほんまになんでこんなことやりよるんじゃろうね？

世直しと言ったら語弊があるしな……でも自分の子どもが無事に成人してくれたというのは大きいよ。それは地域の人たちの助けもあってのことじゃし。だったら今度は自分が何らかのお役に立ちたいと思うし。

だってほんまに普通の環境じゃない家庭があるんよ！　親が言うても聞かないし、ほっといたらますますひどいことになっていく。そんな子も同じ目線でよくよく話を聞いてやって、思っとることを話させてやりゃあ、絶対にうまくいくんよ。少しずつでもようなっていく。

わしはただ、家庭のあたたかさを知らん子が少しでもそのあたたかさを知って、立ち直ってくれたらええと思うんよね。

第3章

父親の頭の中、息子の頭の中

〜父子にぶつける10の共通質問

仕事はお客様のため？
それとも社会をよくするため？
こんなに違う、父親と息子の頭の中。
血はつながっていても〝常識〟は通用しない!?

父子にぶつける10の共通質問

質問1 「仕事」とは？

父・重夫

「お客さんは太陽で、わしらはそのまわりをウロチョロしよる惑星」

Question.1

やっぱり「お客さん優先」いうことじゃろうね。自分が犠牲になるいうたらおかしいけど、お客さんは太陽で、わしらはそのまわりをウロチョロしよる惑星いうか。そういう考えに至ったんは、なんべんも自分が失敗を重ねたからよ。

流川におる知り合いから連絡があって「来いや」って言われたら、絶対行きますよ。12時過ぎとっても、そんなん関係ない。まあ、こっから（自宅のある安佐南区）から流川まで車飛ばしてもゆうに30分はかかるわな。それでわしは家にいるときは一年400日近う酒を飲んでますから（笑）、もし連絡がきたら、ヨメさんに「わしは行きたくないけど、こうこうこうゆう理由で行かんと行けんのんじゃ」って言って「すぐに乗せてけ！」って車を出させとったよね。昔はタクシーがあるわけじゃないけえ、ヨメさんに乗せていってもらわんと行けんかったんよ。それでそのままその日は泊まり。

今の社長（繁之）にそういうこと言ったら「そんなん想像つかん」って言

うよね。今はそれでええんかもしれん。ただ、当時はそうするしかなかったけえ完全に家庭は犠牲。自分中心いうのはありえんかった。

じゃけえ逆に、自分が材料屋に頼むときも「来れん」って言うたら許せんよね。無茶苦茶な話かもしれんけど、相手側にしてみればわしがお客さんなわけよ。たとえば2カ所に同時に発注したときに、どっちがわざわざ来てくれるか。優先順位の問題なんよ。取引の内容が同じじゃったら、そういうところで最後は決めるよね。そういうところに関しては、わしは相手に尽くしとるし、それと同じように相手に対してもときには強要するケースもあるわな。

それが本当にええんか悪いんかはわからんよ。じゃけど、わしはこれまでそういう主義で仕事をやってきたってことよ。

父子にぶつける10の共通質問

質問 1 「仕事」とは？

息子・繁之

仕事の目的は「自分がこの場所でどれだけの存在感が得られるか」

Question.1

私は仕事に関して、会社を大きくしようとか利益を拡大しようという想いはあまりありません。いや、ないと言ったら語弊がありますが、それが目的ではないというか。どちらかというと私自身の価値観や、会社が打ち出す価値観がどれだけ周囲に拡がっていくかという方に興味があるんです。その対価としてお金がついてくるというか。

だからもしかして私にとって〝仕事〟というものは、〝ボランティア〟と境界線が曖昧かもしれません。「自分がこの場所でどれだけの存在感が得られるか？」ということを目的にやっているので。そのことに対して対価が発生するのが仕事、対価が発生しないのがボランティア……そういう位置づけです。ただ、呼び方は違っても他人に与える影響は同じなので、そこに向き合うモチベーションも同じです。私のマインドの中では基本、両者は同じ位置にあるんです。

たとえば今、会社の事業としてリフォームをやってますけど、私にとってリフォームというのはあくまでひとつのツールにすぎないという感覚が

Shigeyuki Ueki

あります。お客様に喜んでもらうため、我々が現状提供できるツールがリフォームなのでリフォームを提供しているだけ。なので今後もしお客様が私たちに「こういうこともできませんか？」って言ってきたら、それに対応できるようにしていきたいと思っています。その際、キーワードになるのはおそらく「暮らし」だと思うのです。

だからホームサービス植木の業務についても、今後は家作りから拡がって、多様化する家族像に合わせたライフスタイルの演出にまで踏み込んでいきたいと思っています。

これは父と同じ考えなんですけど、今後は会社を持ち株会社にして、ホームサービス植木も中和建設工業もその傘下に入るような形態に変更しようと思っています。そうすることによってトライアル用の新しい会社を立ち上げやすくなるというか、それによって私たちが安佐南区で提供できる〝ツール〟をどんどん増やしていくことができると思うのです。

価値観がこれだけ多様化している世の中、役割をひとつに絞ってしまうとすぐに廃れていく気がします。リフォームに関してもＤＩＹが当たり前になったら、必要とされなくなる職種だと思いますからね。だったらなるべく頭を柔らかくして、いろんな価値を提供できるようにしておかないといけないと思ってます。

質問2 「家族」とは？

父・重夫

「子ども3人の大学進学を考えたら家庭を振り向くことなんてできる？」

Question.2

家族はヨメさんが中心で物事を決めとるけえ、どうしてくれこうしてくれいう気はまったくなかったね。

たとえばうちは男3人がいて、全員が大学に進むとすると、一人が仕送りだけで月に15万円、それで学費が半年で210万円じゃったかな？　それがうちの場合、ほぼ同時に来たんよ。上と下が4つ違いじゃけえね。そんなの生まれたときにわかるわな。そんな中で家庭を振り向くことができる思う？　3人を大学に行かすことを考えたら、とてもじゃないが一日24時間じゃ足らん。わしだけ26時間くれないかという感じよ。わしはカップラーメン食ってでも頑張らんといけんかったんよ。

当時は頭の中にそれしかなかったね。結局3人とも大学進んで、まあ、三男は途中で辞めたけえ最後は助かったけど（笑）。特に次男の健次郎が医療大学に進んだけえ。そこは年間の学費が420万円よ。おまけに認定医まで獲ったけえ、大学には通算で10年間も通ったんよ！　健次郎は最初は工業系に行きよったけど、途中で急に医者になる言いはじめてね。それで私大の医学部に進む言うじゃない。そんなのこっちは予想もしとらんかったけえ、ほんま大変じゃったわ。

３人子どもがおったいう時点で、もう必死よね。わしのところは親と一緒に住んどって家賃はいらんし、さらに親が百姓やりよったけえ米や野菜はなんとかなった。それでだいぶ助けられたところはあったよ。夫婦２人だけじゃったら、とてもとてもやっていけんかった。

でも今はなんか家族、仲ええね。家族でＬＩＮＥのグループ作っていろいろ言い合いよる。グループはわしにヨメさん、長男、次男、三男。植木家の５人。そういうこと、他の家族ではあんまりないんかな？　ただ、仲よくなるためにわしが何かやったかいうたら、そんなことは何ひとつない。ご存知のようにわしは一方通行で、好きなことやっとるだけじゃけえね。そう、来週東京に行く予定があるんじゃけど、東京には健次郎がおるけえ、わざと連絡せずに急に「今どこどこにおるけえ、すぐ来い」って電話しようと思っとるんよ。それも夜の11時ごろに（笑）。いやいや、これが来たりするんよ。別にね、来たくなければ来んでもええんよ。わしは「来れたら来い」って言うとるだけじゃけえ。

「予定がわかっとるんじゃったら先に言ってや」とも言われるけど、わしは恣意《しい》的にそうしとるんよ。っていうのは、「世の中はおまえ中心に動きよるわけじゃないんじゃ」ってことを教えたいから。「予定が決まっとるんなら先に教えてえや」って言われるけど、そういうことじゃないんよ。わしが言いたいのは「おまえのために世の中は動いとるんじゃない。おまえは後からついてくる方で、おまえはそれに合わさないといけないんじゃ」ってこと。

それって大事なことじゃろ？　自分中心が当たり前になったら、あいつらどんどんわがままになっていくけえね。そうじゃなくて、面倒かもしれんけど、突然連絡があって、そこで義理人情を優先するかどうかを考える機会を作ってやった方がええと思うんよ。

親としてはね、それが無言の教えなんじゃないかと思うんよ。

父子にぶつける10の共通質問

質問 2 「家族」とは?

息子・繁之

仕事は自分の思い通り進むのに、家族はまったく思い通り進まない

Question.2

うちは妻と長男・長女の4人家族ですけど、家族は最大のテーマです。ヘンな話、仕事や地域貢献に関しては、自分がこういうふうにしたらこういうふうに波紋が拡がっていくなというイメージを描くことができるんです。ある意味、想定通りだったりするんです。

でも家族は私が石を投げてもどんな反応が起こすか予想もつかないし、ときには投げた石が私に向かって投げ返されてきたりする(笑)。それも猛スピードで投げ返されて私が受け止められないことも……。だから家族というのは今、自分にとって一番の課題になってます。

その理由というのははっきりしていて、私が家族に割いている時間が圧倒的に少ないんです。それはつまりコミュニケーションが不足しているということ。これはそうしてしまった自分が原因ですけど、どうしても仕事の方を優先してしまったんです。私は父親の姿を見ていたので、「自分が家庭を作ったら絶対に大切にしよう。仕事仕事で家庭を顧みない父親にはならないようにしよう」と誓っていたはずなのに、いざやってみるとそうなってしまって……。家族に対して「今は仕事が大変だから、今だけ我慢して」と言ってきたけど、いつまで経ってもその姿勢が改善されず、家族の中で不平不満が溜まって私の信用がガタ落ちになっているのが現状なのです。

仕事を頑張っているおかげで外では「仕事、頑張ってるね」と評価される部分もあるのですが、いざ家の中に入ると風当たりが強いというのはつらいものがあります。ただ、私も対外的に「生活のベースになるのは家族ですよ」ということを言っているので、そろそろ本気で家族に向き合わなければいけないと思っているんです。

どうして仕事は自分の思い通り進むのに、家族は自分の思い通りに進まないのか？

そのことについて思うのは、仕事の局面では「自分が正しい」と思って進んでも大丈夫なんですけど、家族の中で「自分が正しい」と思って行動しちゃうと、みんなから反発が起こるんです。ワンマンでやってしまうと亀裂が入る。だからどうしていいのか、どうしたらうまく回っていくのかよくわからなくて……。

思い当たるのは、家族の中でも会社と同じように、相手に「なんでそうなるの?」と理由を追求したりしてしまったんです。あと、外では相手の考えを尊重するということができているのに、なぜか妻に対してはそれがうまくできなくて……なぜか妻だけは!(笑)

そこには「家族だから我慢してよ」という甘えが出ているのかもしれませんね。それについてはこれから真摯に向き合っていこうと思います。

でも本当に、家族に関しては仕事みたいに〝時短〟とか〝効率化〟とかがまったく効かないですね!

父子にぶつける10の共通質問

質問3 「地域(故郷・広島)」とは?

父・重夫

「地域活性化についてはわしより息子の方が想いは強いんじゃやない?」

Question.3

わしは生まれも育ちもこのへん（広島市安佐南区上安）じゃけえ、小学校とか中学校とかでクラス会するいうたら、わしが名簿持って連絡したりしとるんよ。そういうわけでみんなの連絡先は頭に入っとるし、お客さんもこのへんの人がほとんどじゃけえ、まあ地元密着度は高い方と言えるわな。

この地域に何かお返ししたいいう気持ちは、もちろんある。わしはこの地域にお世話になっとるけえ、できれば職人さんもこの地域の人にお願いしたいと思っとる。

あと、神社の活動も地域にものすごいリンクしとるけえね。そもそも氏子（氏神様の鎮守する土地に住んでいて、その守護を受け、それを祭る人々）さんが住んどるのがこの地域じゃけえ。もともと氏子さんは360世帯だったけど、それが開発で増えて今は1万5～6千世帯にまでなっとる。このへんは大学が新設してきたり、それでアパート建ったりしてかなり様子が変わったんよ。

ただ、地域活性化についてはわしより息子の方が想いは強いんじゃないかな？　この地域を盛り上げるために帰ってきたっていう要素も強いと思う。別にもうしばらく東京で仕事しとってもよかったのに、あんまり遅くなってこっち帰ってきたら人間関係を作り直すのが大変じゃない？　早いうちに帰ってきたら中学校とか高校の仲間とも、すぐ元のように打ち解けられるけえね。

じゃけえ、あいつは今、ええ付き合いをよおけしよるよ。繁之がこっち帰ってきて10年くらい経つけど、職人も70％くらいは息子たち世代の若いメンバーに入れ替わった。最近はわしが現場に行っても、向こうはわしのこと知らんで「ヘンなおっちゃんが来た」くらいにしか思わんかったりするけえね。それはすごくいいことよ。

繁之は大学で一回ここを離れたけど、わしはそういうことはできんかった。原因は２つあって、ひとつは貧乏じゃったこと、もうひとつは――生意気なことを言うようじゃけど――両親が一生懸命仕事をしとるのをほっとけんかったから。

まあ、そういうこともあったんよ。

父子にぶつける10の共通質問

質問3 「地域（故郷・広島）」とは？

息子・繁之

街が盛り上がった結果として会社の仕事が増えるという順番でいい

Question.3

Shigeyuki Ueki

まず私にとってこの土地は生まれ育った場所なので、とても好きです。それをうちの息子の世代が大人になったときも「いい街だね」と思ってほしいんです。そのために今自分に何ができるか考えると、地域貢献だったり、父が私にしてくれたように「こんなすごい人がこの街にはいるよ」ってことを紹介してあげることだったり。特に今この近所の団地は高齢化の影響で衰退がはじまっていて。少しでも人口減少を防ぐために、祭りをやったり商工会でイベントをやったりして「この地域、楽しいね」っていう雰囲気を発信するお手伝いをさせてもらっています。

広島って客観的に見たらすごくいい街なのに、どこかパッとしないところがあると思うんです。別にパッとしないことはいいんですけど、この住み心地のよさを実感してもらえたらもっと人が増えるし、もっと面白いことが拡がっていくような気がしていて。

だから私は、ホームサービス植木が家を建てることでこの街が盛り上がるというより、街が盛り上がった結果としてホームサービス植木の役割が増えるという順番でもいいと思うんです。私たちが場所や環境をよくしていくことで、みなさんが「それいいね」「面白いね」って活性化してくれることが一番だと思います。

そういう地元愛というか郷土愛は、幼い頃はありませんでした。ただ、父が神社の宮司をやっていた手前、他の子どもよりは地域に密着した生活を送っていた実感はあります。そうした体験が大人になって思い出されてくるというか……。

正直言うと、私は十代の頃、地元愛がなかったから大阪の大学に進学したんです。私は大学受験で広島の大学は一校も受けませんでした。それはもっと刺激がほしかったというのと、「いずれ広島に戻ってくるから若いうちは違う地域を見たい」という理由が半々。ただ、大阪、京都、横浜……と10年近く地元を離れたことで見えてくるものもあって。盆や正月に帰ってくると落ち着くし、改めて広島っていいところだと思えたんです。

あと最近は〝タテのつながり〟ということもよく考えます。私は毎月ー日に神社を回るのですが、その際に一緒にお墓も回っています。毎月祖先に手を合わせると、「この方がいたから、今自分がここにいる」ということが素直に感じられます。

私の好きな言葉に「一隅を照らす」というものがあるんですけど、これは「自分自身が置かれたその場所で精いっぱい努力して、明るく光り輝くことのできる人こそ何にも代えがたい国の宝である」という意味。それに引っかけて言えば、私にとっての〝一隅〟は広島であり、安佐南区であり、ホームサービス植木があるこのエリアなんですよ。そこが私にとっての〝置かれた場所〟だし〝精いっぱい努力するべき場所〟だと思うんです。

そう考えるようになったのは、やっぱり私が父になり、「子どもに何を遺せるか？」という視点で物事を考えはじめたからかもしれませんね。

父子にぶつける10の共通質問

質問4 「趣味」とは？

父・重夫

「パッと見て気に入ったら、すぐに買ってしまうんよ」

Question.4

わしは趣味という趣味はゼロに近いんじゃけど、まあ、言ってみれば〝広く浅く〟かね。

たとえばボート。わしは「おお、やろうじゃないね！」といって盛り上がったらすぐほしゅうなるんよ。「今日ほしい、たちまち（広島弁で「とりあえず」）ほしい」となって仕事をほっといて探しに行って。それで結局何台換えたんじゃろ？　全部で4艇くらいは換えたんじゃないかね。

一番最初は20フィートの小さな船を買って、仁保（広島市南区）に停めといて。当時20万円くらいじゃなかったっけ？「今日ほしい」って言って、すぐ払って、すぐ乗って出て。で、「これじゃあダメじゃ。やっぱ釣りをするんなら漁船じゃ」って思ったけえ、1年せんうちに山口に行って、今度は漁師の船を分けてもらったんよ。

ボートの目的は釣りじゃね。繁之なんか子どもの頃、よう連れていったよ。子どもじゃけえ船の上はすぐ飽きてしもうて。船の甲板にでっかい生簀が付いとったけえ、その中に入れて釣った魚と一緒に遊びよった。

あと、アウトドアにもハマったね。それで山をひとつ買って、そこの杉の木をチェーンソーで切って、それを川に浮かべて子どもたちを丸太に乗せて引っ張ってやったりもした。普通そういうのはゴムボートでやるじゃろ？でもそんなんじゃ面白くもなんともないじゃないね。

他には……車か。わし、新車を買うことはほとんどないんよ。パッと見て気に入ったら、すぐほしい。すぐ買ってしまう。わしの場合、全部が全部そんな調子なんよ。

父子にぶつける10の共通質問

質問 4

「趣味」とは？

息子・繁之

頭の中をリセットすることが私にとっての趣味なのかも

Question.4

今はほぼないですね。本を読むことくらいですかね。

本に夢中になったのは大学生の頃。本格的に建築を志したとき、「まずは建築のことを知らないと」と思って建築にまつわる本をたくさん読んだんです。建築物の作り方、建築の歴史、有名な建築家の書いた本……そのおかげで本を読むことが習慣化して、そこから小説や経営に関する本に手を伸ばすようになりました。

これまでで一番影響を受けた本は『7つの習慣』（著：スティーブン・R・コヴィー）で、そのなかでも特に心に響いたのは第1章の「主体的である」というところ。すべての行動は自分から発信する、と。

私にとって本のよさは、自分自身と向き合えることです。本を読んでいる時間はいろんなことを考えられるというか、さまざまな雑事をシャットアウトして問題の本質と一対一で向き合うことができます。そこで考えを深めることもできるし、新しい気づきを得ることもできるじゃないですか。

Shigeyuki Ueki

あと、本はそこに没頭するしかないというところもいいですよね。たとえばスマホだとネットで記事を読みながら音楽も聴けたりします。だけど本は本と向き合う以外、何もできない。逃げ場がなくて向き合わざるを得ない――そこがいいと思うんです。

私は昔からそういうところがあるんです。一日の中で必ず何分かはひとりになる時間が必要というか。だから昼食後の20分間は必ず本を読むようにして、そこで自分ひとりの時間を作るようにしています。そう考えると、私にとって読書の時間はメディテーション(瞑想)の時間というか心を落ち着かせる時間であって、仕事が忙しくなればなるほど本を読みたくなるところもあります。ある意味〝一服する〟という感覚に近いのかもしれません。

他の趣味は……最近ハマっているのは加圧トレーニングです。週に1回行ってて、もう2年くらい経ちます。一番の理由はモテたいから(笑)。とりあえず今の体形を維持したいんです。あとは運動不足なので、短い時間で体力アップを図りたいというところもあります。

でもトレーニングも基本は読書と一緒かもしれません。やっている間は仕事のことを何も考えなくていい、現実逃避できる——どこかで頭の中をリセットするのが私にとっての趣味なんでしょうね。

父子にぶつける10の共通質問

質問5 人生の目的は?

父・重夫

「貧乏ゆえの悔しい想いを自分の子どもにはさせとうない」

Question.5

成し遂げたいことなんて何もないけど、うちはもともと非常に貧乏しとった家庭で。

うちの親父が人が良すぎて保証人になって、多額の借金を背負ってしまったことがあったみたいなんよ。そのとき広島市内の有力者が「植木さんは人柄がええけえ」いうて借金を全部肩代わりしてくれて。そういうことがなかったら、うちはここに住んでおれんかったかもしれんのです。

じゃけえ、わしの頭の中には常に「絶対に負けられん。今に見とれ!」いう気持ちがあるんよね。

だってほんまに恥ずかしい話じゃけど、子どもの頃、家族でメシを食いよったら、知らないおじさんが土足でドカドカ家に入り込んできて、杖で壁をつついたりしはじめたんよ。それは「この家がナンボで売れるか」を査定にきた人たちで。そういうのって、子ども心にわかるもんなんよ。じゃけどそんなこと、親に「あれ何なん?」って聞くわけにもいけんじゃないね。その一方で、「いついつに段原(広島市南区)の方に引っ越すか?」みたいな話もしよるけえ、「ああ、これはこの家におれんってことか……」って勝手に想像したりもしてね。

それは小学校低学年の頃の思い出じゃけど、そのときの風景はいまだに心の中に焼きついとる。すごいショックじゃった。じゃけえ「今に見とれ、クソー！」いうハングリー精神は今もある。こういう想いを自分の子どもにはさせとうないって思っとったら、家庭を顧みる余裕なんかのうなるって。

そんな想いを支えた金言みたいなのは別にないけど、わしの理想は日本列島改造論をブチ上げた田中角栄。「わしについてこい！」いうてね。もう、そういうことしかなかったよ。

とにかく目の前のことにぶつかって勝ち進んでいくしかなかったし、後ろを振り向く余裕なんてなかったんよ。

父子にぶつける10の共通質問

質問 5 人生の目的は？

すべてを経験値として捉えながら、挑戦を続ける人生を送りたい

息子・繁之

Question.5

Shigeyuki Ueki

人生の目的は……モテることですね（笑）。

知り合いには公言してますけど、私は60歳になってもモテ続けたいと思っていて――まあ〝モテたい〟というと語弊があるけど、魅力的な人でありたいということです。そのためには自分からいろんなことを発信して、「あの人、面白そうだね」という雰囲気を出していることが必要で。つまり今の父と同じような立ち位置に就きたいということだと思うんです。

基本的には常に自分自身がワクワクしていたいんです。ただ、だからといって楽しいことばかり追い求めるかというとそうではなくて、私自身の人生観に照らして言えば、つらいことも同時に必要というか。というのも、私自身は「つらいことがあるからこそ、感情の振り幅として楽しいことも感じられる」と思っているところがあるんです。そう考えると「楽しいことしかない人生」というのは物足りなくて、つらいことも経験しているからこそ真に楽しいことも感じられる人生の方がリアルというか。だから将来像に関しても、つらいこともちゃんと経験している60歳になりたいという想いはありますね。

そう、「こういう人生を送りたい」という具体的なビジョンがあるわけではなく、とにかくこの人生を味わい尽くしたいんです。

それでいうと、今度新店舗を出そうと思ってるんですけど、それも勝算があるというよりはチャレンジしたいという要素の方が強くて。やれば失敗するかもしれないし、人が増えれば大変なこともあるけど、苦労することでその後に感じられる喜びが大きくなると思えるから「やってやろう！」と踏み出せるところがあるんです。

これからもすべてを経験値として捉えながら、挑戦を続ける人生を送っていきたいですね。

父子にぶつける10の共通質問

質問6 親子での一番楽しかった思い出は？

父・重夫

「一番の思い出は4時間かけた結婚披露宴。それ以外は全然ないね」

Question.6

一番は……やっぱり全日空ホテル（現・ANAクラウンプラザホテル広島）で4時間かけてやった繁之の結婚披露宴かの？　そのとき「ようやくこんなに大人になって……」って思うたけど、それ以外は全然ないね。

披露宴のときはコーディネートから何からこっちで全部やって、夫婦は「そこに座っとってくれりゃあいい」っていう状態よね。来賓から何からこっちで全部決めとるんじゃけえ。繁之の友達もそんなに呼ばんかったし、会場は知らん人ばっかりじゃった思うよ。全部わしの仕事関係の人ばかりじゃけえ。

そのときも繁之から何か言われたことはなかったね。向こうもわしがこういう性格いうのは知っとるけえ、「一方通行の親父じゃけえ、何を言うても聞きやせんじゃろ」って感じなんじゃろう。

準備や手間は大変じゃったけど、それもやらざるを得んかったっちゅうか。将来的に繁之がこっちに帰ってくると見越して、「それだったらここらへんの人には知っとってもらった方がええじゃろうな。じゃあ呼ぼう」ってやりよったら、気がついたらあんな大人数になったんよ。

じゃけえ次男の結婚式ではそんなことはしとらんし、健次郎はハワイで挙式やったんかな？　あれはもう自由ですよ。三男の善治はまだ結婚しとらんけど、あいつはあいつで自分の想いがあるじゃろうけえ、言うた通りにやらせるしか手はないじゃろうな。

全部でいくらかかったんかな……300人近く呼んだはずじゃけえ、1人2万円としても600万円ぐらいはかかったんじゃないかな。結果的に4時間やったけど、全日空としてもこれだけ長くやったのは初めてじゃって言いよっちゃった（笑）。来賓も厳島神社の宮司さんから県議会議員、市議会議員まで多士済々。

まあ、繁之との思い出いうたら、それくらいじゃろうね。

質問 6 親子での一番楽しかった思い出は？

息子・繁之

川遊びは想像しない事態が起こって、鮮烈に記憶に刻まれた

Question.6

Shigeyuki Ueki

第１章でお話した、川で丸太で遊んだことです。そのときは男だらけ、私たち3兄弟と父だけで遊びに行きました。

順に思い出すと、まず夏休みでした。そしてどこに行くかもわからなかったんです。たまたま父が休みということで、急に「遊びに行くぞ！」って言われて。普段は全然遊んでくれないのにどうしたんだろうと思っていたら、「水着の用意をしろ」と。だけどどこに行くかは全然教えてくれないんです。

それで車に乗せられて山の方に入っていって、突然「着いたぞ」って言われて。着いたって言われてもそこは太田川の上流で、誰もいなくて、「え、ここで何するの？」っていう感じでした。

これは私の予想ですけど……たぶんああ見えて、父は下見に行ってたんじゃないでしょうか。そこはちょうど〝たまり〟があって、泳げるスペースがあって、流れもそんなにきつくないところで、子どもが遊ぶにはちょうどいい場所だったんです。

私たちは川岸で着替えて、浮き輪やビーチボールを膨らませて、さて入ろうかと思ったら、「ちょっと待て！」って父が言うんです。何だろうと思っていたら、急に山に入って、ウィーンって木を切りはじめて――いつのまにか車にチェーンソーを積んでたんです(笑)。そして「おまえらこれで遊べ！」って丸太を川に投げ込んできたんですよ。

私たちはその丸太を使ってキャッキャと遊んだんですけど、それがとにかく面白いんです。仮に連れて行かれたのがプールだったとしたら、それはそれで楽しいんでしょうけど、その楽しさって想定内のものだったと思うんです。でもその川では小学校高学年の私の頭では想像しないような事態が起こって、それでますます鮮烈に記憶に刻まれたところはあると思います。

そのとき感じた感情は……ほんといろいろです。「本当にこの川で遊んでいいのか？」という焦り、それまで川で遊んだことなんてなかったから「今日生きて帰れるのか？」とも思ったし、「丸太で遊ぶのってこんなに楽しんだ！」っていう興奮……そういうのがぐちゃぐちゃに入り乱れています。

そのとき父は一緒に泳いだのか？……そこ、よく憶えてないんです。きっとテンションが上がりすぎて、それ以外のことは気が回ってなかったんでしょうね。

川遊びの様子（繁之・作）

質問 7 親子で似ていると思うところは？

父・重夫

「兄弟3人の中では一番わしに似とるんじゃないかな？」

Question.7

繁之に対してはわあわあ怒ったりするけど、本心では似とると思っとるよ。お客さんに対する基本の考え方とか、地域にお返ししようという心とか。兄弟３人の中では一番わしに似とるんじゃないかな?

あと収益が出たら社員に配分しようというところも同じよの。わしはもう３人の子育てが終わっとるけえ、頑張ってくれたみんなに配ってやれって言いよる。

繁之はね、何かやるにしても必ず相談と報告はしてくれるんよ。勝手に進めて報告だけというときもあるし、右と左どっちにしようかって相談だけのときもあるけど、どんなときでも絶対に一言は話がある。

息子を褒めるのもヘンじゃけど、ええ考えを持っとるなと思うことも多いよ。

父子にぶつける10の共通質問

質問7 親子で似ていると思うところは？

息子・繁之

似てるというより、自分が似せていってるところもあると思う

Question.7

Shigeyuki Ueki

最近よく言われるのは顔です。そう言われるのがショックで(笑)。

子どもの頃からそうなんです。男３人兄弟の中で私が一番父に似てると周囲の人からは言われます。次男の健次郎は母親似、三男の善治は両方に似てるという感じでした。

あと、似てるというより、私が似せていってるところもあると思います。たとえば「頼まれた仕事は必ず引き受ける」とか。わざわざ私に声をかけてくれたというのは、期待してくれているわけですから。その声に必ずお応えするというのは父と同じだと思います。

土壇場に強くなった、というのも同じですかね。こちらに帰ってきて以降、父が出席する集まりに同席することが多いんですけど、そんなとき急に「これ、うちの息子なんじゃや。なんか挨拶しろ」って無茶ブリされることが多いんです。事前に何も聞いてなくても、そう振られたら何か話さざるを得なくて。気がついたときには、そういう急場にも対応できるようになっていました。

父ももともとそういうアドリブに強いところがあって、対応力がすごいんです。そこはスパルタ教育のおかげで似てきたところかもしれません。

それ以外には……食べ物の好みも違いますし、どうなんでしょう？　どちらかというと反面教師にしている部分が多いから、似てないところの方が多いんじゃないでしょうか。

質問8 相手のすごいと思うところは？

父・重夫

「日本全国に友達がおって、先頭に立って引っ張っていくのは感心する」

Question.8

あれは人との接し方がわしよりはるかに上手じゃね。

そして怒らん。何しても怒らん。わしがムチャクチャ言うても怒らんのよ。わしなんかいったん頭に血が上ったらブレーキ効かんようになるけど。あれはすごいと思うわ。勝てんわ。

じゃけえ友達が多いよね。友達には男の人も女の人もおるし、議員さんとか司法書士とか弁護士とかもいっぱいおる。あれは感心する。

また知り合いが多いいうのは地元だけじゃないんよ。日本中どこに行っても、だいたいの土地に友達がおるんよ。それは大学のときに知り合ったんか、社会人になって知り合ったんかは知らんけど、そういうところもすごいと思うわ。

わしも人付き合いは必死でやったけど、わしの場合はこの地域だけじゃけえね。広島市を中心にした一帯だけであって、東京とか大阪っていうのはありえん。それにあいつは自分が先頭に立って、引っ張っていくこともやるんよ。先頭に立つって時間も手間も取られるけえ、わしはなるべくそういうのはやらず、誰かに立ってもらってそのサポートをやるという形にすることが多かったんよ。会長になってしまうと仕事が疎かになってしまうけえ、なるべく副会長という形で関わったりして。

でも繁之はちゃんと会長を務めたりしとる。あれはほんまに立派じゃと思うわ。

質問8 相手のすごいと思うところは？

息子・繁之

父は全然へこたれない。父が泣いたところを一度も見たことがない

Question.8

対応力、行動力、やると言ったことは必ずやるところ、有言実行……。

他には……全然へこたれないんです。たとえば私は父が泣いたところを一度も見たことがありません。それは父の父、私にとっての祖父が亡くなったときもそうで、父は祖父が亡くなるとわかった瞬間、もういろんなところに連絡をはじめてるんです。それで葬儀場の記録を更新するくらい、たくさんの弔問客を集めたんです。おまけにそのときも私の結婚披露宴と同じで、祖父の関係者だけでなく自分自身の関係者も大量に呼んでるんです。たぶん祖父の死を悲しむというより、それを踏まえてどれだけのことができるかということの方が父にとって重要だったんでしょう。

でもびっくりしますよ。危篤と言われてお医者さんが時計を見ている横で、父はソワソワしはじめるんです。で、「残念ですが……」っていう言葉を聞く間もなく、すぐに電話をはじめるんです。「お父さん！」って泣き崩れることもなく、そこからワーッと段取りを組んで、ワーッと弔問客が来て、ワーッとその対応をして……。

そんな父の姿を見て、私としてはショックでした。実の父が亡くなったばかりなのに、悲しむことなく段取りに明け暮れるなんて。そのとき「今、そんなことしてて大丈夫？」って聞いたけど「これが大事なんじゃ！」って言い返されました。でも決して感傷に浸らない、そんな姿が父の生き様なのかもしれないと思うんです。

それは父の表情にも表れている気がします。私が思い浮かべる普段の父の表情は、口を〝への字〟に曲げて歯を食いしばっているものです。つまり常に気を張って、頑張っている、何かと戦っている——本人は「何度も死のうと思った」みたいなことを言いますが、少なくとも息子である私の前では、そうした弱みは一度も見せたことがありません。

質問9 相手の「ここは直した方がいい」と思うところは？

父・重夫

「人が良すぎる。
ちょっと経営に対しては
甘えすぎとると思う」

Question.9

さっきの「すごいと思うところ」と裏表かもしれんけど、人が良すぎる。やっぱり会社の社長いうのは社員がおるんじゃけえ、ある程度の収益を出さないといけんのよ。でもあいつは「今はそういう時期じゃない」って言う。「じゃあ、いつになったらやるんですか」っていう話よね。たぶんあいつは変わらんし、変わろうとしとらんように見える。それはわしに対してもじゃし、その態度は部下にも同じように出てしまうんじゃないんかな？

利益に関する話はちゃんとしとるよ。「おまえどうなっとるんじゃ」って。「今は頑張ってみんなに知ってもらうのが先じゃ」って言うんじゃやけど、ホームサービス植木はもう36年もやっとるわけよ。やるんじゃったら期限を区切らんといけんし、売り上げは上がっとるかもしれんけど1人あたりの生産量はどうかいう話じゃけえね。

ちょっと経営に対しては甘えすぎとると思うよね。

父子にぶつける10の共通質問

質問 9 相手の「ここは直した方がいい」と思うところは？

息子・繁之

猪突猛進で即行動。そのせいでまわりは振り回されている

Question.9

直してほしいところはめちゃくちゃありますね。

まずはスケジュールの問題。自分で考えたスケジュールにまわりの人を全部当てはめようとするんです。たとえば急に電話がかかってきて「今日おまえ空いとるか？　予約しといたけえ頼むわ」って言ってきたり。あと自分でスケジュールを入れておいて、「別で予約入れてたの忘れとったから、おまえ行ってくれ」とか。こっちの予定を気にすることなく、ポンポン勝手に決めちゃうところは本当に困ります。せっかちなので即決したい気持ちはわかりますが、「せめて先に相談してよ」というのはいつも思うことです。

その部分は歳をとったり、私が帰ってきたからといって変わることはありません。私が「こっちも予定が入ってるから、そういうことはやめてくれ」と伝えて、父も「わかった」と言うんですけど、全然改善されません。常に自分の人生を生き切っているというか、過去を振り返るということがないんです。

Shigeyuki Ueki

とにかく「思い立ったら即行動」という部分は昔から変わりません。父は長く消防団に入ってたんですけど、家族で晩御飯を食べていても、「火事だ！」となったら誰よりも早く出て行くんです。どんなに遠い現場で、母が「その地域はあなたが行かなくても誰か行くわよ」って言っても絶対行くんです。あるときは家の近くで火事が起こって、道が渋滞してたら、父が車の誘導をしてましたから(笑)。

どうしてそこまでやるのか？　何かの使命感か本能なのか私にはわかりませんが、とにかく父は口を出したいんです。傍観ということは絶対にないんです。

そこで首を突っ込むのは本人的にはいいんですけど、そうすることで家族の誰かが尻ぬぐいをしたり、会社の誰かが後始末に走ったりということを忘れられては困ります。誰かが黙ってフォローしてきたからこれまでトラブルなくやってこれたけど、そんなのいつまでも続かないと思いますからね。

だからそういう猪突猛進な単独行動はやめてもらいたいと思います！

父子にぶつける10の共通質問

質問10 相手とこれから一緒にやりたいことは？

父・重夫

「あえて〝一緒に〟ってことは意識せんでも。具体的にはないわいね」

Question.10

繁之は今後は神社のこともせにゃあいけんのんじゃけえ、座っとっても最低限生活できるだけの固定経費くらいは入ってくる生活――わかりやすく言やあ家賃収入――を確保できるようにした方がええいう話はしとります。

一緒にどうこういうのはないけど、個人的にはすべてを忘れて自由にあちこち飛び跳ねられるような時間がもてるのを望んどるね。別に一緒に旅行したりは……今でもやっとるし、年に一回は家族でどこかに行っとるんじゃけえ別にええんじゃない？

あえて〝一緒に〟ってことは意識せんでも、常々一緒にやっとるし、「これをどうしよう」みたいなことは具体的にはないわいね。長男はどう言いよるんか知らんけど、わしはそのへん気にしとらんよ。

父子にぶつける10の共通質問

質問10 相手とこれから一緒にやりたいことは？

息子・繁之

何年か後に、私の息子も連れて三世代で飲みに行けたら最高です

Question.10

Shigeyuki Ueki

いろいろありますね。たとえばホームサービス植木という会社に関して言えば、いきなり「おまえ、せえや」と言われてポンと渡された感じなので、何かを一緒に遂行したという感覚はないんです。

それで言うと、今後一緒にやりたいのは神社の方です。神社の仕事は一人でもできますが、２人の方がサマになるんです。２人でやるときはちゃんとそれぞれの作業分担もあるし、お祓いを受ける方も２人の神職さんにやってもらった方が深い満足感を得られると思うんです。仕事に関しては利益を追求するという目的があるので意見が異なると対立してしまうけど、神社は利益を追求する必要がないし、２人なら２人の役割が定められているのでお互い神職に徹することができます。そこでは会話こそ交わさないけど、「ここで父が出て行って、次に私が出て行って、一緒に礼をする」といった、あうんの呼吸が求められるんです。

今でも七五三や祈願祭など一緒にお祓いをする機会はあって、それが意外と心地いいんです。お互い何も言わないのにピタッと作法が合うと、その場の雰囲気もおごそかになるし、やってる方としても気持ちよくて。そういう親子で一緒にできるツールを持っていることはラッキーなので、今後増やしていければいいですね。

それ以外にやりたいこと……何かを一緒にやりたいというより、父はずっと走り続けてきたので、まずはゆっくりする時間をとって休んでもらいたいです。そして何年か経って余裕ができたら、私の息子も連れて三世代で飲みに行けたら最高です。

Shigeyuki Ueki

第4章

父親の知らない息子、息子の知らない父親

あなたは父親の祖父に対する想いを知ってますか？
あなたは息子の孫に対する想いを知ってますか？
あなたが生まれたとき、父は何を思ったのでしょう？

息子・繁之

この先の未来像を描くためには過去を知らなければいけない

Shigeyuki Ueki

私が故郷である広島に帰ってきて10年が経ちました。

この10年間、私はただただ必死だったように思います。社員や職人さんから注がれる「親の七光り」という視線をくつがえさなければいけない、この街に住む人たちに植木繁之という存在を認知してもらわなければいけない、自分なりのビジョンを提示してそれを軌道に乗せていかなければいけない、これまでほとんど言葉を交わしたことがない父とひとつ屋根の下で一緒に仕事をしなければいけない……。

5年前には父から社長業を受け継ぎ、晴れてホームサービス植木の2代目社長に就任しました。そこからしばらくは新体制の構築のため大わらわ――。

つまりこの10年間、ずっと私は肩肘張った生活を送ってきたのです。周囲からナメられないため、自分の存在をアピールするため、常に虚勢を張り、人より一歩前に出て、人より大きな声を出すことを自らに課していました。それは私自身、まだ何の実績もなく、自分に対して自信がなかったせいもあるのでしょう。そしてその裏には、「ここで失敗したら他に行く場所がない」という故郷での再出発に対する「背水の陣」的な気負いと、知れば知るほどそのすごさが理解できるようになった父に対するコンプレックス、そして重圧があったことは否定できません。私は絶対に負けられないこの地で、常に比較の対象となる父という大きな壁を乗り越えることに懸命だったのです。

今、このように「本を作る」という新たな行動に出られているということは、その10年間に及ぶ格闘期がひとまず終了したということなのかもしれません。父が築いてきた〝財産〟をどのようにキープして、周囲に迷惑をかけないよう受け継いでいくかという事業継承の過渡期を終え、いよいよ2代目社長として自分自身の将来計画を立てはじめたのが今なのかもしれません。

それは私が〝未来〟を考えはじめたということでもあります。

これまで私は〝現在〟だけに集中してきました。とにかく今、目の前の状況を変えること。今、目の前の人たちを説得すること。今、目の前の仕事を完遂すること。今、目の前の父に負けないこと——しかし会社としての引き継ぎがひとまず終わったことで、私は将来について真剣に考えるようになりました。それはまるで、足元に気をつけていなければころんでしまいそうなぬかるんだ泥道を抜け、顔を上げたらアスファルトの上にまっすぐ伸びる道が見えた——そんな感覚でした。

ここからは自分の好きなように走っていいのか。やっと自分の思い通りに進んでいける場所に出たんだ……嬉しい気持ちがこみあげる一方で、私はそのとき自然と後ろを振り返っていました。

だったら私はどこに向かえばいいのだろう？　そういえば、この道はどこからはじまって、どういうふうに続いてきたのだろう？……そんなことが急に気になるようになったのです。

私は未来というのは過去の延長線上にしかないと考えています。それは会社も、家族もすべて同じです。たとえ「自分はこう思うから、こうしたい」と思っても、大本の部分で太い潮流が流れているので、無理に変えようとするとおかしな方向にねじ曲がってしまいます。逆にこれまでの流れに沿って物事を進めていくと、小さな力でも大きな成果を挙げることができます。

これまで私はいわゆる「二代目あるある」をたくさん見てきました。〝二代目〟の多くは、代が変わったタイミングで自分の色を打ち出そうと、とにかく新しい施策に取り掛かるのですが、過去からの連続性がないことで既存の業務とバッティングしてしまい、逆に現場を混乱に陥れてしまったりするのです。それは先代の想いや会社のこれまでの歴史を軽視し、自分の気持ちのみを優先することで発生した〝ありがちなトラブル〟と呼べるものでした。

私は家業を引き継ぐにあたって、そういう事態は避けたいと思いました。父がこれまで遺してくれたものに敬意を払い、それを受け継ぎながら現代風に更新していきたいと考えました。そのために必要なのは、これまでの会社の歴史はもちろん、どういう気持ちでそれが行われてきたのかという創業者である父の想いでした。

父がどんな気持ちで仕事に向き合い、どんな想いで私に事業を託そうとしたのか——それをしっかり踏まえないと、仕事をする中で軋轢《あつれき》が起こると私は思いました。それを知らないと、私は自分自身の進みたい未来図は描けないと思いました。

そうです、夢を描くためには過去を知らなければいけないのです。

そう考えると、広島に戻ってきて10年、社長に就任して5年というタイミングで私がこうした本を作ろうと思い立ったのは、ある意味必然だったのかもしれません。ここから先の未来に進むために、私は過去と向き合い、これまでずっと避けてきた〝父・重夫〟と対峙しなければならなかったのです。

息子・繁之

父から会社を受け継いだ私が、引き渡す側に回るかもしれない

Shigeyuki Ueki

地元に戻って10年が過ぎました。

事業継承がひと段落したことで父と会社のこれまでを知りたいと思ったのがこの本を作ることになった直接的な原因なら、もうひとつの原因は私自身が父親になったことに他なりません。

私は妻と2人で広島に戻ってきましたが、帰ってくるのとほぼ同時に父親になりました。現在は長男が10歳、長女が8歳と2人の子どもに恵まれています。正直、広島に戻ってきた当初は、ただでさえ地元になじむのに大変なのに、さらに子どもが生まれたばかりとあって、目が回るほどの忙しさでした。そして父の態度をあれほど嫌っていたにもかかわらず、結局私も会社優先、家庭後回しで過ごしてきたのがそれからの10年間でした。

私が「父との関係を本にまとめたい」と思うようになったのは、そんな私自身の長男や家族に対する想いというのも強く影響しています。自分が子どもを持った瞬間に父親としての自覚を持ち、自らの生き方を変える男性もいますが、恥ずかしながら私はその時期は地元にアジャストすることに必死だったため、父と同じように家庭を顧みることができませんでした。仕事に没頭し、地域の付き合いに顔を出し、家のことすべてを妻に任せっきりにしていました。

そして10年——生まれたばかりの赤ん坊だった長男はもはや小学校の中学年に差し掛かり、ひとつの人格を有するようになっています。しっかりと自分の考えを持ち、自分の意見を言い、ときには私に食って掛かるようになりました。

そんな長男を見ながら、私は最近ふと思うのです。

これから数十年後、私は彼に今の会社を託すのだろうか？　はたして彼はホームサービス植木を受け取ってくれるのだろうか？——と。

父から会社を受け継いだ私が、今度は引き渡す側に回るかもしれない——それは私の人生の大きな転換点でもありました。貰う方だった私が今度は与える方に回ること、そのことを真剣に考えはじめた私の頭に飛び込んできたのは、「父はどんな気持ちで事業継承に臨んだのだろう？」という素朴な疑問でした。

私は広島に戻ってきて10年間、父と一緒に仕事をしましたが、父はそれ以前から36年の間ホームサービス植木をやってきたわけです。はたしてどんな想いで事業を興し、どんな想いで息子に会社を託したのか？――私はその答えを知りたいと思いました。現状、私が父の期待に応えているかどうかわからないし、たとえ知ったとしてもこの先、期待に沿った道を進むかどうかわかりません。ただ、少なくとも現時点での父の想いを聞き出し、書き遺しておくことは意義があることだと思ったのです。もし書き遺しておけば、将来息子が会社を継ぐと決めたときにそれを読めば、「父とおじいちゃんの場合はこんな感じだったのか」と状況を理解することができます。

そしてそれは事業継承をするにあたって、私自身が心の底から欲しかったものでもありました。暗闇の中で〝正解〟を模索し続けた私のような苦労を息子にはさせたくない……私は自分自身が欲し、決して手に入れられなかった〝参考書〟であり〝事業継承のガイドライン〟を息子にために遺してやりたいと思ったのです。

また、仮に息子が会社を継がなくても、それはムダにはなりません。これから会社に新しいスタッフが入ったとき、創業者はどんな人で、どんな想いで事業継承が行われたかを知ることで、ホームサービス植木という会社がどういった会社なのか伝えることができます。会社のルーツを知ってもらうことができます。

息子のため、社員のため……結局のところどちらに転んでも、想いを遺すことで損をすることは何ひとつないのです。

Shigeyuki Ueki

私自身が社長としての未来図を描くため、将来会社を継ぐかもしれない息子に読ませるため、新しく入ってくるスタッフに会社のマインドを伝えるため……

この本を企画したのはそのような理由もありますが、それとは別に「父のため」という理由もあります。

何度も書いてきましたが、父は基本的に一方通行の人です。過去を振り返らず、常に前だけ見て突っ走ってきました。そんな父も今年70歳、古希を迎えます。そのお祝いにといってはなんですが、自分のこれまでの歩みを総覧できるものがあれば嬉しいのではないでしょうか。自分がこれまで成し遂げてきたことが明記された本があり、それを読むことで自分の人生を改めて肯定できれば、素敵なことではないでしょうか。

ある意味、私は父に対して「おつかれさまでした」という言葉とともに手作りの勲章をプレゼントしたいのだと思います。父がこれまでどれだけのことをして、どれだけのものを遺してくれたかを、書籍というパッケージに封じ込めて贈りたいのです。

それは裏テーマとして、人生の晩年を迎えている父の〝終活〟に対する手助けになればという想いもあります。人の想いは死んでしまえば永遠に闇の中に葬られてしまいます。人がこと切れる瞬間というのは大げさに言えば、明日かもしれないし、明後日かもしれないのです。

であるならば、生きているうちに、しかも元気なうちに話を聞いておきたい。生きているうちに想いがわかれば、周囲の人もそれを踏まえた上で行動できるし、それはこれからの父の人生をきっと豊かにしてくれると思うのです。

死んでしまった後で「あのときそんなふうに思っていたのか」とわかったところで、一体それが何の足しになるというのでしょう？

そう、だからこの本はこの先の人生、父に〝よりよく〟生きてもらうための

Shigeyuki Ueki

ものであるし、私たち家族が〝よりよく〟過ごすためのものでもあるのです。

息子・繁之

息子は「僕もお父さんみたいになりたい」と言ってるらしい

Shigeyuki Ueki

今、私の息子は10歳、いわゆるハーフ成人式を迎えたところです。

普段はゲームに興じてばかりいる息子ですが、実はもうすぐ2人だけで沖縄旅行に行く計画があります。私はなるべく息子と2人の時間をもつようにしていて、去年は2人だけでキャンプに行きました。2人で釣りをして、釣った魚を焼いて、肉も食べて、焚き火を囲んでいろんな話をしました。それがとてもいい時間だったので、今年はさらにバージョンアップした旅を計画したのです。

もともと私は沖縄でリフォーム団体のセミナーがあり、それに参加する予定だったのです。計画では私がそれに参加している途中に、息子がひとりで飛行機に乗って那覇の空港までやって来ます。もちろんひとりで飛行機に乗るのなんて初めてで、一人旅も初めてです。そして私は空港まで彼を迎えに行き、男同士の2泊3日の旅がスタートします。

旅のプランも立てています。基本的なレジャーはするつもりですが、今回はハーフ成人式を迎えたということもあって、ちょっと背伸びした経験をさせてやりたいと思っています。まず、普段は9時に寝るという約束を破ってみます。そして晩御飯の後、あえて呑み屋に連れて行って大人の世界を見せるのです。

父親としては、そこでリアルな刺激を受けてほしいという想いです。今彼はゲームというヴァーチャルな世界の中、与えられたルールを守るのが当然という生活を送っています。でもそれはいくら面白くても、しょせん疑似体験にすぎません。私は息子にもっとリアルなサプライズを感じてほしいのです。私があの丸太事件で感じたように。

もしかして私はここでも父から受けたものを、今度は息子に〝継承〟しようと思っているのかもしれません。私には娘もいて、もちろん娘も大切ですが、息子の存在はそれとは別次元だと感じています。実際初めての子どもが男の子だとわかったとき、「よかった」という想いが身体の奥から湧き出しました。会社のこと、神社のこと……表立って意識はしていなくても、やはりどこかしら重圧を感じていたのでしょう。

息子の性格は……どうなんでしょう。基本的には人見知りだと思います。自分からやりたいことは言うけど、いざとなるとやらない。先日も中学受験したいと言い出し、オープンスクールに連れて行ったのに、いざ学校に入ると「イヤだ、やらない」と駄々をこね、そのくせ帰りの車の中では熱心に学校のパンフレットを眺めていました。本当は興味があるのになかなか素直に行動に移さない……それは自分と似ているのか異なるのか、私としてはよくわかりません。

そんな息子は少しずつ、私の仕事に興味をもちはじめているようです。私は家でも仕事の資料を眺めているので、その姿が気になったのかもしれません。

この前の休日、完成したばかりの家の見学に行ったときは、他に誰もいないのをいいことに「すごいすごい、わー！」と家中を走り回っていました。そのとき「おまえもこの仕事やってみるか?」と尋ねたら「うーん、どうしようかな……」と言っていたけど、一緒に風呂に入ったときには「意外といいかも」と言っていました。図画工作の授業でも部屋の絵を描くとき、床、壁、天井を3Dで描いていて、親の仕事の影響はこんなところにも表れるのかと驚かされました。

ただし、そうは言うものの、仕事のことや将来のことに関しては、あまりしつこく言わないように意識しています。私自身も父に何も言われなかったし、やるかやらないかは息子が決めればいいことです。最終的に決断するのは息子だし、その決定に私がプレッシャーを与えることは避けたいと思うのです。

それでも妻に対し、息子は「僕もお父さんみたいになりたい」とぽろっと漏らしているらしいです。

それは私にとって、本当に嬉しい言葉でした。一番そう見られたい人間に実際そう見られているという事実は、私に勇気と誇りをくれたのでした。

息子・繁之

この街を〝カッコいいおじさん〟が似合う街にしていきたい

父は今69歳ですが、
私が69歳になったとき、どんなふうになりたいか……
少なくとも親父よりは〝カッコいいおじさん〟になっていたいです。

父は対外的には誰も敵わないくらい頑張りますが、自分のことに関しては後回し。自分としてはその部分もきちんと追いかけながら、中身も外見もパリッとした齢の重ね方をしていきたいと思っています。

ただ、正直なことを言えば、私はまだ自分に自信がもてないでいます。40歳になって言うセリフではないかもしれませんが、自分の判断が本当に正しいのか、もしかして間違っているのではないかといつも迷い続けています。

そこが父と私の一番の違いなのかもしれません。父は常にゆるぎなく、まっすぐ。そして私は迷い続ける――でも一方で、私は迷いから抜け出せない自分自身のことを卑下しているわけでもありません。迷いがあるから謙虚にもなれるし、迷いがあるから真実が見えたときには幸福を感じられる、そんなふうにも感じるからです。

私には理想とするおじいさん像があります。

広島に帰ってくる直前、ヨーロッパを旅行したのですが、そのとき見かけたおじいさんがとにかくカッコよかったのです。その人は70歳くらいで、朝、カフェのテラス席でひとりでモーニングを食べていました。格好は白いTシャツにジーパンというシンプルなもの。サングラスをかけて新聞を読みながらゆっくりと朝食を食べているのですが、途中仕事らしき電話がかかってきて、それを余裕しゃくしゃくの態度で処理しています。

その人は着飾っているわけでもないのに、人としてのカッコよさが外見からも内面からもにじみ出ていました。私はその人の姿を見て「こんなおじいさんになりたい」と強く思ったのですが、それと同時に感じたのが、「自分の故郷をこんなおじいさんが似合う街にしたい」ということでした。広島という街にこうした〝カッコいいおじいさん〟が増えていけばいいし、自分もそうした登場人物のひとりになりたいと思ったのです。

この前、知人が言ってたのですが「この街では人が暮らしていない。ただ生きているだけ」と。その街に住む人々が生活を楽しんで、それを許容する街がある。カッコいい大人たちに引き上げられるように、周囲の若い人たちも「ああいうふうになりたいな」と思って、世代を超えてつながっていく――。

自分自身がそういう人間になると共に、この街をそういう理想の風景に少しでも近づけていく――今はそれが私自身のこの先の夢であり、ミッションなのかなと考えているところです。

父・重夫

借金の査定に家に踏み込まれたときの悔しさが、わしの原点

わしが生まれたのは1950年7月10日。

生まれはこのへん、当時はまだ広島市に編入されとらんで安佐郡安古市町上安いいよったね。

親父は正年、おふくろは松子。わしは3人きょうだいの次男。親父はね、ものすごく元気で仕事する人じゃった。晩年、胃がんになって手術したけど、それでも落ち込むことは一切なかった。

親父はもともと郵便局の職員をしよったんよ。ただ、それだけじゃ生活できんけえプロパンガスの営業をアルバイトではじめて。そしたらプロパンの方が給料がええっていうんで、自営でそっちの方をメインでやるようになって。それがあまりに忙しくなって、わし、小さい頃は長いこと母親の里の宮島に預けられとった。

まあ、当時はこのへんが開発されて、どんどん変わりよる頃じゃけえ

ね。わしが中学校の頃、安古市地区は1日2・5軒ペースで新しい家が建ちよったんよ。それが高校3年の頃には1日5～6軒ペースまで上がったけえね。だって団地が16もまわりにできるんじゃもん。それに合わせてプロパンガスの仕事も、そりゃ大忙しよ。

家の仕事が忙しいけえ、わしも手伝いしよったよ。今では信じられんかもしれんけど、わし小学校6年生のときに軽トラ運転して配達に行きよったけえね。親は「そんなんしたらいけん！」言いながら「配達行ってこい」って言うんよ（笑）。どっちなんっていうか。まあ、兄貴も手伝いよったから、それが当たり前に見えたんよね。今も忘れんけど、当時契約しとる家が最大時で1075軒あったんよ。1075軒を両親と子どもらで配達してまわるってそりゃ大変で……それでさすがに「もうこれ以上はムリじゃや！」ってなったんじゃなかったかな。

当時の生活は朝、早起きして手伝いよ。わしは朝が苦手じゃなかったけえ、朝の間に配達しとったね。集合住宅や学校は人がおらんでも取り換えできるけえ、朝の間に済ませてしまうんよ。仕事は別に苦じゃないし、やらされとるとは思わんかった。手伝ういうてもアルバイトみたいにお金もらうわけではないし、こっちももらう気はさらさらないし。親が大変そうじゃけえ手伝ったっていう、ほんまただそれだけのことよね。

親父は……まあ、真面目。そして常に一生懸命。子どもの頃、親父と遊んだ記憶なんてないない。だってガス屋なんて休みがないんじゃけえ。家と職場は一緒じゃし、連絡が来ればすぐに飛んで行かにゃあいけんし。常に誰かが配達に出とるけえ、みんなで一緒にごはん食べた記憶もないね。親父との思い出なんかなんもない、なんもない。

そもその頃からわしは家におらんタイプでね。家におっても楽しいことなんか何もないけえ、いつも外に出とった。別に家が厳しいとかうるさいとかそういうわけじゃないけど、親は仕事のことで頭いっぱいじゃし、面白いことなんて何もないじゃないね。

じゃけえ、わし、外ではあんまりええ噂じゃなかったみたい。恋愛しとった女の子とは一緒になれんかったんしね。向こうのおじいちゃん、おばあちゃんが「あんな悪いことしとるやつとは一緒にさせられん！」って大反対。そんな感じじゃったけど、家の仕事は普通に手伝いよったんよ。

なんでそんなに家の仕事を真面目に手伝うんか……そりゃ前にも言ったけど、小学校のときの親父の借金のことが頭に残っとったけえよね。わしが働けば人件費はかからんし、タダで済むじゃろ？　別に親から「やってくれ」って頼まれたわけでもないけど、言われてやるのはつらいけえね。率先してやった方が気持ちがラク。わしの基本は常にそれよ。どうせやるんじゃったら自分からやっちゃろうや、っていう。

あの借金の査定に家に人が来たときのことは……ほんま忘れられん。土足で家にドカドカ入られて「クソー！」って思ったよ。じゃけどあのとき、わし以上に親は悲しかったたし、情けなかったじゃろう思うんよ。だって自分で作った借金じゃないんよ。人の借金の肩代わりをしたことで、家族が家から追い出されるかもしれんっていう瀬戸際に追い詰められとるわけよ。わしにしてみれば、もっと納得いかんわな。誰のかわらかん借金のせいで、こんな屈辱味わわされて。そのことにわしは腹が立って腹が立って……このハングリー精神は今になっても全然消えんよ。きっとそこがわしにとっての原点なんじゃろうね。

じゃけえ、中学高校になっても家の手伝いは普通にしとったけど、わしは借金ことについてその後、親に一切聞いたりしたりはせんかった。そのことについては親も言わんし、わしも聞かん。だって聞くとつらいじゃない？　親も話すのはつらいじゃろうし。そんなん、親が必死で働いとる姿とか表情見とったら伝わってくるわ。

だってわしが「なんであのとき借金の肩代わりなんかしたん？」「なんでわしが家の手伝いをせんといけんのん？」って聞いてみい。親父もおふくろも何も言えんようになるじゃろう？

じゃけえ、そういうことは聞いちゃあいけん。

わしも親も、そういう悔しい気持ちを抱えて、とにかく必死で働くことしかできんかったんよ。

Shigeo Ueki

父・重夫

死のうと思ったことは何回もある。理由は主に資金繰りの部分じゃね

最終的に親父の会社は「広島ガス」と合併してね。

親父は常務として広島ガス北部販売に入って、わしも「来い」って言われて一緒に行ったけど1年で辞めてしもうた。

広島ガスの人らはどれだけ働くんかって思いよったら、みんな全然働かんのよ。親父は常務じゃけえ座っとりゃええけど、わしは動き回らんといけんじゃろ？　これまでと同じように朝の6時に会社に行ったら誰もおらん。わしは鍵を勝手に開けて入って、朝のうちに配達に出てね。じゃけえわしの場合、他の人が来る9時までには仕事が全部終わっとるんよ。そこからは喫茶店行ったり、他の人の手伝いをしたり。そういうのってバカみたいじゃなって思ったけえ、1年経ったら辞めてしもうた。

そこからは親父が、兄貴がやってる「植木設備工業」を手伝ってやれって言うけえ、そこに入って。兄貴とわしともうひとり、全部で3人で10年

間やった後、34歳で「ホームサービス植木」を設立するんよ。

死のうと思ったこと？　会社設立してすぐの頃は何回もあるよ。たとえば「トンネルで激突したら保険が下りんから、急ブレーキ踏んで激突されて死んだ方がええんかな」とか、そんなことも考えた。理由は……主に資金繰りの部分じゃね。金のことって親や兄貴にも言えんのよ。特に親はお金で苦労してきたのを知っとるわけじゃけえ。

最初の最初は順調じゃったんよ。最初の5年間は倍々ゲームで売り上げが伸びていきよった。じゃけど世の中、そんなに甘うない。やっぱり商売は波がある。人が増えたら固定費が増す。それに伸びたら伸びたぶん、周囲のやっかみも強まる。まわりからいろんな場面でターゲットにされるようになってね。特に平成元年に中和建設工業をM＆Aで買ったときは、いろいろ言われたよ。

そういうこと、家族に言えるはずがないよね。そういうとき助けになったのは、やっぱり友達よ。特に同じ境遇である経営者の友達。そういう仲間とは「一緒に橋から飛び降りようか」って言い合ったこともあったし、実際に自殺したヤツの後始末をしたことも何回もある。そいつの借金を肩代わりしたことも。今、わしに職人さんがついてきてくれるんは、そういうところを見とってくれとったのもあるんかもしれん。

50万円のお金が借りられんかったこともあったよ。

そのとき銀行の貸付担当者は「自己破産しちゃったらどうですか?」って言いよった。わしは「あんた、もっぺん同じこと言ってみい」って言って「ちょっと表に出え」って、そこでめちゃくちゃ怒った。支店長が飛んできて平謝りしたけど、そんなん謝ってもらうような問題でもないわな。ただ、それは面と向かって「死ね」と言われたのと同じことではあったよ。

そういうケースは他にもある。あるときは午後の3時までに支払いをせんといけんことになっとったのに、どうしても銀行からお金を借りられんで、先方に頭下げに行った。「悪いんじゃけど待ってほしい。1カ月待ってくれ言うんじゃない、いついつには入金があるけえ、そこまで待ってくれ。頼む」と。そしたら相手は二つ返事で「植木、わしはおまえのこと信じとるけえ払わんでええで」って。わしは「いや、払わんわけじゃなくて、少し待ってくれるだけでええんじゃ！」って逆に慌ててしもうて。

そこは大きな会社で、うちの支払いが少し遅れたくらいで大勢に影響があるわけじゃないけど、頭を下げにいったわしの人間性を買ってくれたんじゃろうね。そことは今もいい付き合いをさせてもらって、その会社の販売店グループの会長をさせてもらっとる。そういう信頼をひとつひとつ積み重ねて今のわしがあるんよ。

まあ、こういうのは創業者だけの経験じゃろうね。2代目には資産があるし、信用もある。じゃけど、わしにはなんもなかったけえ。次男じゃし、親にとってはいらん子。勝手に生きるしかないし、雑草みたいにやっていかんと生きていけんかったんよ。

そうそう、わしのまわりには商売しとる人が多いけど共通項があって、干支でいうとみんな寅年なんよ。特に女の子の寅年の経営者はきつい人が多いけど、美容院やったりしてみんな大成しとる。まあ、そのほとんどは離婚しとるけどな（笑）。いつ会っても全然齢を感じん、パワーのある人が多いわな。

父・重夫

ヘンな風評が出ると
取り返しつかん。
それが地域で商売するということ

わしがまわりからどう見られるか　むちゃくちゃ気にするって、繁之が言うた？

まあ、そういうところはあるかもしれん。それはM&Aで周囲のやっかみを受けたときなんかに、つくづく感じさせられたところあるけえね。

繁之とも話すけど、5年に一度くらいは契約して工事をしたのに代金を払ってくれんお客さんがおるんよ。でもそこで絶対にヘンな取り立てはしちゃいけん。ホームサービス植木はエンドユーザーと直取引する会社じゃけえ、一度ヘンな風評が出ると取り返しがつかんことになる。

そういうときは一回までは内容証明を出してええんよ。弁護士さんに頼んで債権回収のための督促状を作ってもらやあええ。ただ、それで払ってくれんかったら、そこから先は催促はしちゃいけん。いくら腹が立ってもしちゃいけん。それは仕事を受けたこっちが悪い——そう思わんと仕方な

Shigeo Ueki

い。

要は支払いが汚いいうか、「あそこでやればヘンな取り立てはせんし、途中でケツを割ることはない」って思われとるってことよね。それをわかっとってうちに発注したんは間違いない。わしもそういう経験は何回もある。じゃけどそこで追いかけても払う気がないもんは絶対に払わんのよ。おまけにこっちが少し強く言えば「あそこはむちゃくちゃ言ってくる」「おどりゃあ、すどりゃあ言うで（広島弁で『けんか腰で迫ってくるで』といった意味）」みたいなことをまわりに言いふらしよる。「そんなこと気にせんでええ」「こっちが正しいんじゃけえ普通に取り立てりゃあええ」っていやあそうかもしれんけど、ここらは狭い地域じゃけえね。

そこに関しては繁之に強う言っとるよ。

あと、それとは逆のケースもある。わしらは下請け会社とも取り引きがあるけど、たとえばここにある工務店があったとしようや。そことはこれまで20年近う一緒に仕事しとった。じゃけど最近、資金繰りが悪うなっとるという噂がある。もうそんなにもたん、あと2～3カ月で倒産するじゃろう言われとる——それでも取り引きを続けるかとなったら、あんたどうする？

わしなら仕事を続けるよ。別に不渡りが出ても構わん。だって20年間もお世話になったところよ？　1カ月でシメるとして、20年っていったら240カ月はちゃんと払ってくれとって、それで1カ月払えんかったけえってどうなん？　その1カ月が50万円としても、240カ月助けてもらって、なんでこの1カ月が耐えられんのかっちゅう話よね。

あと、そこで引いたら「植木は手を引いたで」ってことになるんよ。そういう風評が出るのが一番怖いんよ。あいつは20年間も取り引きしとったのに、ちょっと経営が厳しいって噂を聞いたらすぐに逃げよった——そんなふうなイメージがついたら、次からもうこの土地ではやっていけんようになる。逆にそこで取り引きを続けたら「おい、植木のところはついていったで。資金繰りがまずいってわかっとるのに！」となる。それによって職人のウケも変わるし、地元の人たちの見方も変わる。

土地に根を下ろして商売するいうんは、そういうことまで考えんといけんのよ。目の前の損得だけじゃない、自分らがどういうふうに見られとるんか、どういうふうに見られたらマズイんか、そういうことを考えるのは経営者として当たり前のことじゃないんかな。

父・重夫

繁之は6年間子どもができなくてできた子。誕生してくれるだけで嬉しかった

繁之が生まれたときのことは、よう憶えとるよ。

だってわし、結婚して6年間子どもができんかったんじゃけえ。

今でも憶えとる。1月5日じゃった。わしは消防団に入っとって、その日は出初式じゃったんよ。それで車庫で新年会をやって、式が終わった後はお昼の1時からどんちゃん騒ぎよ。わしも調子よう飲んで騒ぎよったんじゃけど、そしたら消防団車庫の隣りのスーパーのおばちゃんが手招きして「シゲちゃん、ちょっと出て来んさい！」言うじゃないね。「どしたん？」って言ったら「ヨメさんが待っとる」言う。「まだ帰らんって言っといてくれ」って返したら「もう迎えに来とるけえ」言うじゃないね。

なんでここまで来とるのにおばちゃん使わして自分は出て来んのじゃろ？　そもそもなんでこんなところにわざわざ来たんじゃろ——って思いながら外に出たら、確かにヨメさんがそこに立っとるんよ。それで「でき

た」って言うじゃないね。

「できたって何ができたんや？」

「じゃけえ、あんた、できたんよ」

「できたって言われても、わしは酔うとるけえわからんわ。はっきり言うてくれ！」

大きな声を出したら、ぽつりと「子どもができた」と。

「誰に子どもができたんや？」

「あんたによ！」

それでやっとわしも冷静になって。戻って消防団の仲間に「悪いな、ちょっと病院行って来るわ」って言ったら、「病院ってどうしたんや？」ってちょっとした騒ぎになってね。それを「まあ、ええけえええけえ」ってなだめて、すぐにヨメさんと白島（広島市中区、街の中心部）の病院に向かったんよ。わしはせっかちじゃけえ、その話が本当かどうか知りとうて知りとうて、もうたまらんかったんよ。

そしたらお医者さんが「間違いないです」って。

わしは「よし、わかった。ありがとうございます！」って——帰り道はもうヨメさんに「足元気をつけえや」って、気持ち悪いくらい丁寧に言いよった。そうか、わざわざスーパーのおばちゃん使ってわしを呼びに行かせたのは、消防団は荒くれ者ののんべえばかりじゃけえ、ヘタに入っていったら「酒でも注げ！」って言われるかもしれんって思っとったんかぁ……って、そんなことも思いよった。

6年間、子どもはずっと欲しかったんよ。神社のこともあったし、仕事のこともあったし。でも6年間もできんじゃないね？　ああ、ウチは子どもできんのんか……って思いよる矢先のことじゃったけえね。ちょうど30歳を迎える直前に妊娠がわかって、もう大騒ぎよ。

生まれた当日のことも、よう憶えとる。

陣痛が起こって病院に向かう途中、わし間違って進入禁止の道に入ってしもうて警察に止められたんよ。それで「ここ一方通行じゃ。降りい」って言われたけど、わしは「降りん！」って言い張って。

「なんで降りんのや！」

「とりあえず全部後じゃ。後でわしだけ帰ってくるけえ、そこどいてくれ！」

ヨメさんは陣痛で横でウンウンうなっとるけえ、こっちは必死よ。わしの殺気立っとる雰囲気が伝わったんじゃろうね。警察は素直にどいてくれて、わしはひとまずヨメさんを病院に送り届けて。それで言うた通りちゃんと現場に戻ったら、警察はまだそこにおったんよ。で、「さっきの者ですが戻ってきました」って言ったら「もうええわ」って切符も切らずに無

Shigeo Ueki

罪放免。あれは逃げんかったのがよかったんかな？　実はそのときは慌てとったけえ、財布も忘れとったし免許証も不携帯だったんじゃけど、あれ、今だったら一大事になるんじゃないかね？

その話にはまだ続きがあって、ヨメさんがウンウンうなっとる間、わしは会社に戻って仕事しとったんよ。で、「そろそろ生まれるかの」と思って病院に戻って。そしたらヨメさんがどこの部屋におるんかわからんようになって、とりあえずあちこちのドアを開けて回りよったら直接分娩室に入ってしまって。それがちょうど繁之が生まれるところじゃったんよ！それで「あ、おとうさん、おめでとうございます。男の子ですよ」って言われて、気がつけば出産に立ち会ったことになってしまって。もうわしとしては「やれやれ、よかったよかった」という感じよね。

繁之いう名前はわしが付けた。誰に相談したとかもなく、生まれてすぐに顔を見てパッと決めた。理由は「之、繁盛する」いうことよ。「植木繁之＝植木、これ繁盛す」。重夫と繁之で〝シゲ〟の部分は同じじゃけど、そこは別に気にしとらん。

ちなみに次男も三男もわしが付けて、次男は2620グラムで顔を見たら弱々しかったんよ。じゃけえ次男は健康になるようにと思って「健次郎」。三男はガンボ（広島弁で「暴れん坊」「きかん坊」の意味）そうじゃったけえ、世直しでもしてもらおう思うて、「善く治める＝善治」。3人とも自分の名前の由来、知っとるんかな？

そうそう、三番目が生まれるときは、わし次は絶対女の子じゃろう思うて、生まれる前に名前も決めとったんよ。女の子じゃったら「下枝（しずえ）」にしよう思って。だって植木は枝で支えとるじゃろ？　それだったら嫁いで苗字が変わってもええじゃろうと思うとってね。その頃は今と違うて、生まれてくるまで男の子か女の子かわからんかったんよ。

繁之が男でよかったか？　そんなんどっちでもよかったよ。ただ誕生してくれるだけで嬉しかった。それよりもうちのおじいさん、おばあさんが大喜びでね。わしらにずっと子どもができんかったのを心配しとったんじゃろう。わしら以上に繁之が生まれてきてくれたことを喜んでくれとったんよ。

そこからはどうじゃったか？

うん、わしは子どもを風呂に入れるとかはほとんどやったことがない。繁之が生まれたときも、「生まれたか！」っていうのがわかったら、またすぐ会社にトンボ返り。そこからは仕事、仕事、仕事——。

そりゃ子どもが生まれたんじゃけえ、いっそう仕事を頑張らんといけんと思うじゃないね！

Shigeo Ueki

第5章

父親と息子の〝答えあわせ〟

～お互いの気持ちがわかった上で対談に臨む

お互いの本心がわかった上で、改めて顔を合わせた２人。
何も変わらないのか、
それとも何か変わったのか――
一見いつも通りの２人の会話が聞こえてきます。

2020年1月31日、田中山神社にて

わしの結婚式も壮大じゃった。130人招待して披露宴3回（重夫）

――お2人はそれぞれ別々に原稿を執筆され、先日お互いの原稿を交換して読まれたばかりです。お互いの原稿を読んで率直にどう思われましたか？　事実に関して、2人の記憶が合っているところと違っているところの両方がありましたが。

重夫　まあ、そういうもんよね。わしがやっとることは少ないけえ子どもらは鮮明に憶えとるじゃろうし。

――今回はせっかく2人が顔を合わせたので、本当のところはどうだったのか、記憶の答え合わせをしてみたいと思います。まずは繁之さんにとっての一番の思い出である「川での丸太遊び」。あれは本当のところどうだったんでしょう？

重夫　そもそもわしがその前に山を1万坪くらい買うたんよ。太田川の上流にある小河内平黒瀬（広島市安佐北区）いうところ。その山は主に杉、竹、ヒノキが生えとって、たまに竹やクマザサなんか取りに行きよって。その途中に子どもらを遊ばすのにちょうどええ川を見つけたけえ、それで連れて行くことにしたんよ。

繁之　そうだったんだ？

重夫　そのときは川に着いたらまず山に入って、直径25～30センチの杉を切ってきて。長さは1メートル20～30センチくらいじゃったかな？　さらにその丸太の真ん中をくりぬいて、馬の鞍みたいにして座れるようにしたんよ。そこに3人を乗せてね。

繁之　その頃は僕が10歳だから下が7歳と6歳……ちょうど善治が小学校に上がるか上がらないかの頃ですね。

——繁之さんは重夫さんが「下見に行ってたんじゃないか？」と思っていたみたいで。持ち山があって、その近くの川だったということは知ってました？

繁之　全然知らなかったです。そのとき「下見してたんじゃないか？」と思ったのは、父が迷うことなくそこを目指して行ったから。みんなでトラックで行ったんですけど、僕ら子ども3人は助手席にギュウギュウに詰め込まれて、川の上流に連れていかれたんです。それで「着いたぞ」って言われて降りたらただの川で、この川のどこで泳ぐんだろうと思ってたら——。

重夫　そのへんは泳ぐのにちょうどいい深みがある場所でね。そういうの、ここらへんの言葉では〝どんどん〟って言うんです。

繁之　だから「ここに連れてこようとしてたんだな」ってことはわかりました。

重夫　トラックにはチェーンソーも積んどって、着いたらすぐに山に入って丸太を切って。その後はわしも川に入って、その丸太を引っ張ってやったりもしたよ。丸太の先頭にフックを付けて、そこにロープを結び付けたりもしたんじゃけえ。丸太に子ども3人乗せて川上の方に引っ張るのは、そりゃもう大変じゃったよ！

繁之　そのあたりの記憶はまったくないなぁ……たぶん川に丸太が投げ込まれたときのインパクトが強すぎて、その後どう遊んだか憶えてないんです。丸太がドボンと落ちた瞬間にいろんな記憶が消えてしまったというか。丸太にロープが付いていてて引っ張ってもらったっていうのは……今初めて知りましたよ。

重夫　まあ、通常の親だったら危のうてようせん遊びじゃろうね。

――繁之さんの一番の思い出が川遊びなら、重夫さんにとっての一番の思い出は繁之さんの結婚披露宴です。そこは2人とも記憶が一致しています。

繁之　川遊びに比べれば最近の出来事ですから。

重夫　あれはいずれにしても繁之が広島に帰ってくるとしたら、長男じゃけえちいとはアピールしとった方がええかなと思ってやったんよ。

繁之　そのときはそういう想いまでは

知らなかったけど、会場に着いてやっと父の意図はわかりましたよ。だってそれまではどれくらいの規模の宴で、どんな人が来て、何が行われるのかまったく知らされてなかったんです。ただ、「この日に広島の全日空ホテルに来い」っていうそれだけ。それで披露宴の席に着いたとき、「あ、これは地元の人たちに対する僕ら夫婦のお披露目の式なんだな」ってことがわかって。だから最後のスピーチの内容を予定していたものから変更したんです。これは親父を立てて、すごい人たちがたくさん集まってくれたお礼を言わないと、と。だって式は僕より親父の方が目立ってたというか、親父が会場中を一番動き回って挨拶してましたから。

重夫　まあ、全部わしが呼んだ人ばかりじゃけえね。でもね、わしの結婚式だって相当壮大なもんじゃったんよ。

繁之　え、そうなの?

重夫　そらそうよ。だって都合130人くらい招待して、披露宴も3回ほどやったんじゃけえ。わしのところは本家じゃったけえ、近所の人を集めたり、いろんなグループを集めたりで、ホテルでやったり家でやったりして計3回。「ヨメはどっから来たんか?」みたいなところからはじまって、まあ、いろんな人にいろんなことを聞かれたわ。じゃけえ繁之のときの200人とか250人っていうのも別に慌てることはないし、わしにとっては通常パターンくらいのもんなんよ。

手持ちのカードがあるからこそ、これをどう使って戦うか考えられる（繁之）

――あと、これも2人の話がズレていてどちらが本当かと思ったのが就職相談に関する内容。繁之さんは「してない」と書かれ、重夫さんは「あった」と書かれています。どちらが本当なんでしょう？

重夫　あれは相談があったかなかったかというより、「おまえ仕事はどうするんや？」と聞いたとき息子が答えて、「その中だったらこっちがええんじゃないんか」ってことを話したってことなんよ。改まって相談してきたわけじゃなく、現状はここところで考えてるって話の中で、わしの考えを伝えただけ。

繁之　相談したという感じではなく、「いまどういうふうに動いてるんだ？」って話の流れで途中経過を伝えた感じですね。

重夫　それとは話がズレるけど、次男が医学部に入り直した3年生の頃かな？　卒業して広島で開業するには医師会とかの問題で広島大学に入らにゃいけんっていう話を聞いたんよ。広大の附属病院に勤めんと広島では開業できん、と。それで広大の先生とかに話を聞きに行ったんじゃけど、結局次男は帰ってこんで今も東京で働いとる。やっぱり故郷に帰らせるんじゃったらそういう準備とか下調べいうのもしとかんとね。そのへんは一応動いたりもしたんよ。

――いざ繁之さんが帰ってくるとなったとき、重夫さんは「5年早い」、繁之さんは「2年遅かった」と思っていた解釈の違いが面白かったです。

繁之　僕も最初は広島に戻るのは40歳くらいだと考えてたんです。ただ、結局帰ってきたのは30歳で、30歳って微妙な年齢じゃないですか。若いようである程度は責任感を負わされる年齢というか、どんどんぶつかって失敗しても許される20代とはさすがに違う。そのとき「あと2年早く帰ってきてたら『教えてください！』って丁稚みたいに飛び込んでいけたのに……」っていう悔しい気持ちはあったんです。

重夫　それは本音じゃろうね。っていうのも、わしが独立するときも「あと2年早かったら絶対もっとできたはず」っていう気持ちがあったけえ。わしが独立したのは34歳のときじゃけど、やっぱり大事なのは20代かどうかなんよ。20代で独立しとったら、もっと自由に動けとったし、もっと勢いがあったかもっていう想いはずっとある。まあ、結果として30歳過ぎてはじめたんがよかったんかもしれんけど。

――繁之さんが地元に戻ってきたのが30歳のときで、重夫さんが独立したのが34歳のとき。2人とも共通して「20代のうちに動いておけば……」という想いがあるんですね。

重夫　最近、大学生とかでも会社を作ったりしとるじゃない？　早い人は早うにはじめとるんよね。

――事業継承に関しては、引き渡す側、受け継ぐ側の双方に苦労があることがわかりました。

重夫　わしは初代の苦労と二代目の苦労は変わらんと思うよ。初代は手元に何もないけえガムシャラにやらにゃあいけんけど、二代目は二代目で常に親父と比較されるじゃろ？　これはやりにくいと思うよね。同じことをやっても絶対に勝つことはできんし。たとえ倍やったとしても普通くらいにしか評価されんし、違った形でやろうとしてもそこも敵はおる。それで最終的には三代目がつぶしてしまうっていう（笑）。長く続いとる会社は親子だけじゃなく、一族総出で〝和〟の保ち方が半端じゃないよ。

――二代目の苦労に関して理解があるん

ですね。

重夫　じゃけえ、うちのところはよう頑張ってやっとると思うよ。方向性もええ具合に変えとるし。ただ浮かれとるところはいけんよね。

繁之　浮かれとらんよ！　僕は会社を継承するつもりで帰ってきたんですけど、最初に思ったのは「せっかくあるんだから、あるものは使おう」ってことなんです。僕に言わせればゼロから事業を興す方がよっぽど大変ですよ。僕の場合は「何もない状況でどうやって戦えばいいのか？」ってわからなくなると思うんです。事業をトランプに例えると、今は手持ちのカードがあるからこそ、これをどう使って戦おうか考えられるけど、手元に何もなかったら……きっとどう戦っていいかわからないと思うんです。

恥ずかしい話じゃけど、兄貴が同じように会社を倒産させたんよ（重夫）

重夫　事業継承については、この前相談を受けた例があってね。老舗の飲食店があるんじゃけど、そこはもう5年近く赤字が続いとって、早う閉鎖しとけば関係者全員深い傷口にならんで済んだんよ。でも「せっかく初代が作った店なのにつぶしたら申し訳ない」という気持ちが強すぎて誰も決断できず、とうとうどうにもならんことになってしもうて……。じゃけえ長男に言いたいのは、人生必ず波があるんじゃけえ、もしも商売に終止符を打つんじゃったら早いうちに打った方が傷は小さいってこと。それだけはよう憶えといてほしい。

繁之　そうは言っても、継ぐ方としては「代々続いてきた商売を自分の代で途絶えさせたくない」って気持ちがあるから、そんなに簡単に決断できないと思うな。その人の気持ちはよく理解できますよ。

重夫　それはわかるけど、それをやろうとすると関係者みんながつぶれるんよ。そして決断というのは誰かが下さんといけんのよ。

繁之　……正直、僕もそういう重圧は感じてるんです。受け取ったものを自分の代でつぶしたくない、次の代にちゃんと手渡さないといけないというプレッシャー。そういう飲食店のような例もよく聞くから、もしも経営が傾いてきたらどこかで判断しないといけないとは思いますね。それを私情に引っ張られず、冷静に決断することができるのか……そこは難しいところです。

重夫　つぶしちゃいけないものがあるっていうのは、ある意味かわいそうなことなんかもしれんね。わしなんか自分でゼロから作ったものじゃけえ、最終的には全部なくなってもしょうがないと思えるけど。

繁之　ただ、それに関して言えば個人的に考えてることもあって。ウチは今父が元気だから、今のうちなら違うチャレンジができる余地があると思うんです。逆に言えば今のうちにチャレンジしておかないと、今後父が亡くなったり、今の事業が苦しくなったとき、別の道を探すといってもなかなかできませんよね？　大事なのは時代が変わったときにも対応できる新しいビジネスの芽を見つけておくこと。父が築いてくれた事業の遺産が残ってる今だからこそ、新しいことにトライしていかなければいけない時期だと感じてます。

重夫　今三男の善治に中和建設工業の継承をしよる最中じゃけど、「もしも会社がダメになりそうになったら、おまえができる範疇で人数を減らしてやりゃあええ」ということは伝えとる。もし会社を継いでみて、能力的に自分じゃ追いつかん思うたら、自分のできる規模に縮小すりゃあええんよ。

繁之　引き渡す方は簡単に言うけど、受け取る方としてはなかなか難しいと思いますよ。

重夫　あのね……恥ずかしい話じゃけど、わしの実の兄貴が同じようなことで会社を倒産させたんよ。わしも10年間勤めたんじゃけど、だんだん経営が立ち行かんようになってね。「早う畳んだ方がええよ」って言ったんじゃけどなかなか止められんで、最終的には結構な損害を出してしもうた。あれ早いうちに撤退しとったら、傷口も軽くて今ももうちょっとラクに暮らせとると思うんじゃけど……じゃけえ、引くときは早うせんといかん。引っ張れば引っ張るほど損害は膨れ上がって、まわりの者に迷惑をかける。それだけは忘れんでほしいわ。

——繁之さんが広島に戻ってきたとき、車の側面に自分の写真を貼ってアピールされました。あれは重夫さんにはどう映ってたんでしょう？

重夫　わしはええと思ったよ。要するに「ここにこういう人間がいる」ということがわかった方がええし、目に留まることをやったのはいいと思う。等身大じゃしね。

繁之　いや、僕の顔はそこまで大きくないけど（笑）。でも広島に帰って父の仕事ぶりを間近で見たことで、意図的に父と違うやり方をしようとは思いました。同じ土俵に乗ることはとにかく避けた方がいいな、と。

重夫　それは非常にええことよね。親子で同じことをやっても仕方ないし。ただ、うちの場合は特殊いうか、会社もあるけど神社があるからね。だから仕事でも途中で投げ出すとか、お客さんに暴言を吐くとか失礼なことをするとか、そういうことは絶対に許されんのよ。ときどき料金を払わんで逃げようとする客がおるけど、それをとことんまで追い詰めることもできん。

繁之　そのことは口を酸っぱくして言ってるよね。

重夫　そう、やっぱり目の前のお金より信頼じゃったり風評じゃったりの方が大事じゃけえ。そういうものはこの土地で生きる者の中にいつまでも残るし、ＡＩじゃパソコンじゃいう時代になっても最終的には対人間。義理人情みたいなもんがモノを言う――そういうことは代が変わっても守っていってほしいと思うね。

――ただ重夫さんは義理人情を重視する反面、繁之さんの収益追求の甘さについても指摘しています。

重夫　そりゃそうよ！　人がええのもええけど、やっぱり社員を食わさにゃあいけんし、銀行に対する信頼度いうのもあるけえね。

繁之　それについてはこっちにも言い分があって。この10年間、僕が取り組んできた課題って、父が築き上げた事業体制をどうやって自分なりに受け継いでいくかということだったんです。で、父を見ると、父はひとりでガムシャラに走ってきたわけです。それを見て、自分は父のようにはできないし、だとしたら自分はチームでやろう、僕が目立つのではなくみんなで収益を上げられる体制を作ろうということに決めたんです。

重夫　みんなで収益、ね。

繁之　ただ、そこには手本がないぶん難しい部分もあって。正直、今もまだ発展途上というか、効率的に収益を上げられる状態には至ってないんです。それが完成した暁にはいろんなことを同時に進めながら利益が出るシステムができるはずなんですけど。今は新しい体制に向けての移行期にあたるので、利益に関してはもうちょっとで結果が出せると思ってます。

重夫　うちの兄弟はみんなそうで、「やるやる」というのは言うんじゃけど、それに関しては期限を切らんといけんのよ。それは今の若い子全般そうで、やるのはええけど「いついつまでにできんのじゃったら辞退する」ということをあらかじめ決めとかんとなかなかできんところがあると思うよ。

今回改めて文章で読むことで、父のルーツが感じられた（繁之）

――今回お互いの原稿読んでみて「初めて知ったな」「そうだったのか」と思ったことはありましたか？

重夫　いや、ほとんどは想像ついたね。じゃけえ新鮮味どうこういうのはあまりなかったかな。

繁之　僕は生まれたときのエピソードも知らなかったし、聞いたこともなかったから新鮮でした。あと、父が幼い頃、借金のカタに家の査定に踏み込まれた話も――。

重夫　あれはいつか伝えとかにゃあいけんと思っとったんよ！　ああいうことによってどれだけ家族が影響を受けるか。だって次の日から路頭に迷うわけじゃけえね。それに自分の家に土足で入られて、壁やら天井やらを杖でつつかれて「高い」じゃの「安い」じゃの言われてごらんなさいね。たとえ小さくても、大人がどんな状況に立たされとるかいうことに関して子どもは過敏なもんなんよ。

繁之　その話は以前ちょこっとは聞いたことがあったんです。だけどリアリティーを感じることができなくて。でも今回改めて文章で読むことでリアルに感じられたし、父の考え方やガムシャラな姿勢はそこでの経験がルーツになってるんだなということを強く感じられました。具体的には、以前僕が会社の企業理念を考えていたとき、どうして会社を創業したのか父に聞いたことがあるんです。そしたら父は「お金をもうけるため」って即答して、それが僕にはショックで。「結局はお金もうけのために会社を興したのか！」ってすごく浅ましい気がしたんです。だけど今回、父の子どもの頃のエピソードを知った上でその言葉を聞くと、以前とは全然違うふうに感じられたというか、お金の重みというものが伝わってきて……それを知れただけでもよかったと思います。

重夫　わし、19歳のときは中央市場で仕事して、帰ってから家のプロパンの仕事しよったけど、もちろんお金なんてもらうわけなくて。うちの親父は保証人になって、その頃も借金の返済がむちゃくちゃ残っとったけえ。今の金でいうたら1億どころの話じゃないんよ。じゃけえとにかく働くしかない——それは体験した人にしかわからんし、常に死活問題いうか、明日には橋の下に行かんといけんのんかもしれんけえ。

繁之　借金の返済はしばらく続いたんだよね？

重夫　わしはこのとき不動産がないと絶対ダメじゃと思ったんよ。じゃけえ19歳で90坪の土地を買った。そんなのありえる？　当時普通の会社の給料が月12,600円、高いところで18,000円じゃったところ、わしは中央市場の配達で手取り18万円入りよったんよ。それで坪5万円で450万円出して土地を買って、それが4年後には1千万円になって。とにかく金に関しては並大抵のことじゃなかったよ。今はこうして簡単に言えるけど、やってみい言うたらなかなかできんと思う。みんな遊んだり寝とったりするのに、わしだけ朝起きて働いて、家の仕事もお金もらえんのに働いとるわけじゃけえ。

――あともうひとつ繁之さんが知りたかったのが、重夫さんが会社をはじめてすぐの頃の「死のうと思ったほどの経験」。それも具体的に語ってもらいました。

繁之　ただ、何が原因でそう思ったかというのはまだわからなくて……。

重夫　それは不渡り。たとえば10年お世話になった会社があって、調子が悪うなって「これは近いうちに倒れるな」っていうのはわかるじゃん。それで身を引くことができるかいうたら、わし、ようせなんだんよ。最後まで付き合った。それで不渡りが出てね。じゃけえ子どもには手形商売と保証人になっちゃいけんということはこんこんと伝えとる。まあ、そういうことはそのうち経験するわ。

繁之　経験するなって言ってるのに！（笑）

重夫　いや、必ずあるって。形は違うかもしれんけど絶対起きる。そういうことがあってようやく角が取れて、人間ができていくんよ。取引相手が窮地に立たされる――そこで逃げるのはみやすいんよ。じゃけど、そんなことしたら軽い人間としか評価されんけえね。そういうときにどういう行動をとれるかが、その人の器の大きさを表すと思うんよ。

同じように思ったり違うように思ったり。親子ってそういうもんよ（重夫）

繁之　僕は広島に帰ってから父の活動を見るようになりましたけど、改めて人付き合いや横のつながりは大事だということを学びました。今回これまで僕が知らなかった父の想いを知りましたけど、それでも本当の本心だったり、どれだけつらかったかということは言葉にできないし、最終的には知ることができないと思うんです。本文中にも書きましたが、僕にとって父のイメージは口を〝への字〟に結んで何かを我慢している表情。今回は少しだけですが、その背景にあるものを理解できた気がします。

重夫　あのね、絶対やっちゃいけんのは、家で子どもらと一緒にメシを食っとるとき、仕事がつらいということや会社で起こった悪い出来事なんかをベラベラしゃべってしまうことなんよ。そんなことを言いよるけえ子どもらも「そんなイヤな仕事、誰がやるか」って気持ちになってしまう。継ぐか継がんかはわからんかったけど、わしは「不渡り出した」とか「自殺しよう思った」とかは一切言ったことがない。メシを食べてるときに話したのは「どこどこ行った」「こんな面白いことがあった」「どこそこに旅行行った」とか楽しいことばかり――

まあ、一緒に食事をすること自体が稀じゃったけど（笑）。

繁之　確かに、そういうことがあったと聞いたのは最近でしたから。

重夫　そうそう、今ライオンズクラブの会合で小学校４年生の子らと一緒に「ドリームマップ」っていうプロジェクトをやっとるんじゃけど、わしらの頃の夢と今の子どもの夢って全然違うね。今はものすごい現実的。すごく印象的じゃった子どもの夢が「28歳のときにお医者さんになって、両親に和牛Ａ５ランクのステーキを食べさせてあげたい」っていうもの。これって今のその子の生活が見えるじゃない？　わしらの頃は「バスの運転手になってお金もうけもして、両親を世界一周旅行に連れていく」とか書きよったけど、そんなバカなこと書いとる子はひとりもおらん。「フェラーリ買う」はもちろん「親に家を買ってやる」っていうのもない。時代はどんどん変わっていくし、子どもらの夢もどんどん小さくなっとるいうことよ。

――今回繁之さんの提案でお互いの気持ちを交換するという企画をやってみて、どうでしたか？

重夫　同じように思っとるところもあり、違うように思っとるところもあり、まあ、親子ってそういうもんよね。でも物事をつないでいくのはほんまに難しいよ。うちだってまだ成功したとは言えんわけじゃし。だって結果が出たわけじゃないでしょ？　それはわしが安心してないっていうことではなく、わしはすでに息子に託したんじゃけえ、もういらんことを言える立場ではないということ。あとは「ええがに（広島弁で「いい具合に」）やったらどう？」って言うくらいよね。

――これから一緒にやりたいこととして、繁之さんは神職を挙げています。

重夫　旧・安佐郡にはたくさんの神社があるけど、わしはその中で絶対に負けたくないんよ。清掃も、設備も、やっとることも、あらゆる部分で負けたくない。せっかくやるんじゃったら一番になりたいじゃない。そう思わん？

繁之　まあ……父は会社の方は僕たちに引き渡して引退するけど、神社に関してはまだしばらく続けられると思うんです。逆にこれから貫禄も出て、宮司としては脂が乗ってくる頃だと思うので、すごくいいんじゃないでしょうか。

重夫　宮司としては普通にやっていくと思うけどね。

繁之　あと、父は地域で一番の神社になりたいと言ってますが、僕自身は一番になることには興味がなくて。どちらかというとみんなが一番になれるような環境を作ることの方に興味があるんです。たとえば安佐南区って住みやすい場所だけど、これといって抜きん出てるものがないじゃないですか？　すべてが小さくまとまっている感があって、その一方で安佐南区に住んでいる人は地元のことがすごく好きで——それって何かのきっかけがあればパンッ！と花開くポテンシャルがあるってことだと思うんです。たとえばうちの神社が輝くことで、「みんなもやってみたらどう？」って他の人たちを刺激して、さらに全体を見て元気がないところがあればそっちに回ってサポートする——僕としてはそういうことをやっていきたいと思っています。

重夫　うちの神社、正月に門松を立てるんじゃけど、その門松、全長2メートル40センチもあるんよ。そごうやリーガ（「そごう」はデパートで「リーガ」は「リーガロイヤルホテル」。どちらも広島の繁華街・紙屋町周辺にある）より大きいのを作ろう思うて、わざわざ巻き尺持って測りに行って。そしたら2メートル30センチじゃったけえ、それより大きいのにしたんよ。まあ、あとわしにとっての問題は、長男の子どもだけじゃね。会社はどうでもええけど、神社は何があっても継いでもらわにゃあいけん。ウチの家族は神社からは絶対に逃げられんけえね。

繁之　僕、この本を作ってよかったと思ったのは、僕は祖父から直接話を聞くことができなかったんです。祖父はもう亡くなっているんで、祖父が何を思って何を考えていたかは知ることができない。だけど今回、こうして僕の想いと父の想いを文字に残したことで、将来僕の息子が自分のルーツについて考えるようになったとき、僕の考えと彼にとって祖父にあたる父の考えの両方について知ることができるんです。父がいま70歳で、僕が40歳で、息子が10歳だけど、30年ずつ離れて想いをつなぐことができる――これは本当に意義のあることだと思います。だからもう30年経って、息子にさらに子どもができたら、また新しい植木家の本を作りたいですね！（笑）

あとがき

本が完成して？

そうじゃねえ……まず読んでみたら、わしじゃなくて後継者中心になっとったけえ、それはよかったと思ったよね。別に自分自身が中心になるつもりなんか毛頭ないし、そもそも息子が言い出してはじまった企画じゃけえ、息子が目立つようにならんとやった意味がないじゃろうし。そういう意味では、よかったんじゃないんかな。

まあ、会社もそうじゃけど、わしは息子に託したんじゃけえ、息子がええならそれでええんよ。わしがどうこう口をはさむ問題じゃないと思うけえね。

ただ、自分としてはこれが事業継承で悩んどる人らにとって参考になるんならええなあ、いう想いはある。

ほんま、今まわりは事業継承の話ばっかりよ。会社も飲食店も職人さんも全部一緒。

でもね、話聞くとみんな家族の前で苦しいことばかり言いよるんよ。酒飲んで子どもの前で「あんなんバカたれが！　やっとれるか！」って本音をベラベラしゃべって。そんなん聞かされて「ボク、やりたい」「後を継ぎたい」って思うような子どもがどこにおる？　わしのところはそういうマイナスを経験しとったから、子どもの前では常に笑うことしか考えとらんかったよ。苦しいこととか死にたいと思うほどきついこととかは、一切話そうとは思わんかった。

じゃけえ息子は「知りたい」思ったところはあるんかね？　わしが何もしゃべらんかったから「本当は何があったんじゃろ？」「本当はどんなことを考えとったんじゃろ？」って疑問に思っとったんかね？

でもそれは結果論よ。結果論として長男は会社を継いでくれたし、こういう本まで企画してくれた。

今はそれでよかったんじゃないかと思うだけよね。

今回こういう本を作った経験が面白かったかいうと、わしとしてはそれほど気にならんかな。そんなとりたてて「よかった！」「楽しかった！」っていうことはないけど、いつかは話さんといけんと思っとったことを話せたのはよかったよね。

わしの場合、そろそろ相続のことも考えんといけんけえ。じゃけえ長男だけに何か話すいうのは極力避けたかったんよ。全員偏りたくないし。次男も三男もこれを読んでくれればわしのことわかってくれるけえ、そういう意味ではありがたいプレゼントじゃったかもしれんね。

対談でも言ったけど、繁之のことはほぼ想像通り。そんなわざわざ話さんでも月に1～2回は家族で集まってメシ食いよるし、そこで様子は見よるからそんなにわからんわけでもないんよ。

繁之が家族のことで悩んどるいうこともね、わしに言わせればまだまだ甘い。正直家族はこれからもっと揉めると思う。なぜかというと、あいつが揉めるような行動を自然ととるようになるから。絶対ますます仕事中心になっていく。

わしだって最初はカッコよく「家庭中心でやっていく！」って思いよったんよ。じゃけど自分で会社やってみい。「今日行かないと仕事がもたん」という状況がこれからますます増えていくんじゃやけえ。そりゃ後ろ髪引っ張られても、家を空けるようになるって。

この本を作って腑に落ちた部分が大きかった？　親の代からの因果がわかって、これまで「やらされている」とマイナスイメージで捉えとったものが、「自分はこれをやるためにここにいるのかも」ってポジティブに捉えられるようになった？——繁之、そんなことを言いよったんね。そりゃあ、まあ、よかったわ。

だって何事もやらされとると思っとるうちは、何ひとつ身につかんけえね。すべてを自分事として考えて、「やりたいからやる」というふうにしていかんと。それが身につく人と身につかん人の差。

まあ、そうは言っても、うちのはよう頑張っとる方じゃと思うけどね。

わしはこれから……変わらんと思うよ。

わしは自分自身とトヨタの社長も大変さという意味では一緒じゃと思うんよ。大きい、こまいはあるかもしれんけど基本は一緒。だって大きい企業の人と話したり、そういう人の本を読んだりしても、考えとることは大差ないと思うけえね。

ただし、違うのはお金があるかないか。わしはやりたいと思ってもお金がないから挑戦できんことがあるけど、彼らはそれができる。それが悔しくてね。

やりたいことなんて、まだまだあるよ！　それを実現するためにお金をどう調達していくか、そこに自分の信念がかかっとる。

わし、3年前の67歳のときにホノルルマラソンを走ったんよ。これも思いつきでね。「一生に一度はフルマラソン走った方がええなあ」って思って、北海道マラソン？　東京マラソン？　いやいや、やっぱりハワイじゃろう！――ってなって。それで練習もせずに大会に出場したんじゃけど、これが完走できたんよ。42・195キロ、67歳で普通に走れたんよ。

さすがにもうわかっとると思うけど、わし、思ったらすぐに実現したい性格じゃけえね。

じゃけえ、わしの挑戦する意識はきっと死ぬまで変わらんと思う。今年70歳、古希を迎えるけど、これからも何か新しいことをやり続けるんじゃと思う。

それが具体的に何になるかはわからんよ。

じゃけど、事案は次から次へと発生するんよ。それはホンマに。ことさら意識せんでも次から次へと何かが起こる——だからね、このまままっすぐ行くしかないんよ。

それがずっと変わらん、わしの人生なんじゃろうね。

2020年3月　植木重夫

アンタッチャブル
父と息子の事業継承物語

二〇二〇年四月二九日　初版発行

著　者　植木 重夫、植木 繁之
発行人　田中 朋博
発行所　株式会社 ザメディアジョン
〒七三三-〇〇一一 広島県広島市西区横川町二丁目-五-一五
TEL　〇八二-五〇三-五〇三五
FAX　〇八二-五〇三-五〇三六
HP　http://www.mediasion.co.jp
印刷所　シナノパブリッシングプレス
企　画　山本 速
編　集　清水 浩司
装　丁　前崎 妙子
撮　影　橋本 高伸
DTP　濵先 貴之
校　閲　菊澤 昇吾

ISBN978-4-86250-670-2 C0034 ¥1100E